U0587755

人
管不如
管文化

侯韶图 著

企业文化生命力解密

GUANRENBURU
GUANWENHUA

经济管理出版社
ECONOMY & MANAGEMENT PUBLISHING HOUSE

图书在版编目（CIP）数据

管人不如管文化——企业文化生命力解密/侯韶图著 . —北京：经济管理出版社，2015.5

ISBN 978 - 7 - 5096 - 3701 - 2

Ⅰ.①管… Ⅱ.①侯… Ⅲ.①企业文化 Ⅳ.①F270

中国版本图书馆 CIP 数据核字（2015）第 071523 号

组稿编辑：张　艳
责任编辑：张　艳　赵喜勤
责任印制：黄章平
责任校对：王　淼

出版发行：经济管理出版社
　　　　　（北京市海淀区北蜂窝 8 号中雅大厦 A 座 11 层　100038）
网　　址：www. E - mp. com. cn
电　　话：（010）51915602
印　　刷：三河市海波印务有限公司
经　　销：新华书店
开　　本：720mm×1000mm/16
印　　张：12.75
字　　数：200 千字
版　　次：2015 年 5 月第 1 版　2015 年 5 月第 1 次印刷
书　　号：ISBN 978 - 7 - 5096 - 3701 - 2
定　　价：36.00 元

前　言

很多管理者认为现在的员工不好管，是"白眼狼"，其实不是员工不好管，是企业文化没有做好。要让员工干好，你就要给员工营造好的工作环境，给员工好的愿景，让员工有与公司共命运的使命感和责任感。好员工是培养出来的，没有好的企业文化支撑，员工整天茫然，再优秀的人才也起不到应有的作用。因此，管人不如管文化！

企业文化是企业的灵魂，是企业全体员工共同的价值观，是企业的经营哲学，是推动企业发展的不竭动力。企业文化影响着企业中的每一件事，大至重大决策、人事任命、干部选拔，小至员工的行为举止、衣着爱好。企业文化需要持续不断地建设和维护。只有理性、有效地运作和管理，重落实、轻口号，重执行、不拖拉，才能让企业文化工作畅通无阻。

一些优秀的企业之所以能鹤立鸡群，并长期保持这种优势，源于它们都具有一种独特的适合其自身发展特点的优秀文化。正是由于这种文化的存在，使得它们在瞬息万变的市场中始终保持强大的竞争力，并能够持续发展。对于企业管理者而言，三流的管理是人管人，二流的管理是制度管人，一流的管理是文化管人。文化管人就是管灵魂，人有灵魂，企业就有灵魂。为此，《管人不如管文化——企业文化生命力解密》这本书以大量企业实例为依据，以切合中国企业实际的管理理论为指导，全面解密企业文化塑造灵魂的强大生命力，以期帮助企业摆脱缺乏人情味的"人管人"的窘境。

本书突出了企业文化在企业发展中不可替代的重要作用，分析了建设企业文化的核心要素，指出了企业家在企业文化建设中的主导作用，强调了"以人为本"在企业文化中的基础地位，厘清了企业文化与企业品牌、企业制度、管理模式、营销管理、执行力、学习型组织的相互关系，并为它们的有机结合、相得益彰提供了切实可行的方式方法，最后给出了塑造企业文化的具体步骤，从而为企业从"人管人"转向"文化管人"指明了方向和方法。

庄子曾经说："以天下为之笼，则雀无所逃。"这句话表面上论述的是捕雀之术，实则阐述的是管理之道，管理的最高境界就是用文化管人。注重企业文化建设与管理，塑造企业灵魂，员工与企业之间就能建立起真正的情感，这也是企业健康发展的根本保证。在这一点上，我们相信本书对于企业管理者有一定的参考价值和指导意义。

目　录

第一章　每个成功的企业都有
其独特的企业文化

企业文化的建设及其管理，直接影响到企业的管理效率，也会影响到企业的生存和发展。每个成功企业如世界500强的背后，都有其独特的文化积淀，都有其独特的企业文化。企业文化是现代企业的灵魂，已成为现代企业竞争的焦点，因此，建立自己的企业文化，是时代所需，更是企业发展的必然选择。

企业管理真的有那么复杂吗？

为什么人们常常会把事情弄得那么复杂呢？英国历史学家诺思科特·帕金森以他深邃的思想洞察出了其中的原因："事情增加是为了填满完成工作所剩的多余时间。"再没有比这个结论更精确的观察了。对于企业来说，很多企业的管理者之所以把管理搞得复杂、琐碎而毫无意义，就是因为有些管理者自己"制造"了那么多的管理，使管理变得复杂化而不是简单化。

☞造成企业管理复杂化的认识误区及表现

当复杂的管理体系不能产生正面效果时，这时企业就已经患上了"复杂管理综合征"。究其缘由，主要是企业的管理误区造成的，这些误区是每个企业在发展过程中都会遇到的。具体如表1-1所示。

表1-1　企业管理误区

误区	表现
过分夸大制度的作用	不少企业过于夸大制度的作用，因而不断地去制定制度，希望通过非常具体的条文来约束相关的人和事，以防止出现企业领导人担心的问题。不单是企业的领导人，各级管理人员都热衷于编订制度。但事实上却没有很好地解决问题，反而增加了复杂化的分量
过于追求内部公平	很多企业希望考核制度能够全面地反映员工的所有工作及工作效果，导致考核本身的工作量很大，占用了大量的企业资源，但结果却是考核越细，员工认为问题越多；考核涉及面越广，考核结果反而越发脱离实际
过分依赖经济手段	经济手段只是企业管理的手段之一，企业内部管理的手段有很多，比如文化的引导、情感的维系、现场的督导、工作的沟通、发展前途的激励等。想把所有的管理问题都归集到经济管理这单一手段上，实质是把很多部门内部的、日常管理中可以解决的问题，上升到企业层面，积攒到月末、季末或年终，增加了管理的复杂程度，增加了争议
特殊性阶层的作用	由于特定的历史原因和文化背景，相当多的企业都被打上了"家族化"、"政治化"和"人情化"的烙印，家族人员的亲情纽带关系，政治化的垄断和人情化的忠诚，都在企业的成长过程中发挥了不可低估的作用，也给"企业管理复杂化"增添了分量

☞如何走出管理复杂化的误区

企业管理真的有那么复杂吗？非也！要真正实现"简单有效"的管理，就必须走出误区，在培育企业核心文化、清晰企业管理体系、理顺企业利益结构、完善内部竞争机制等方面开展工作。

一是培育企业核心文化。企业文化不是挂在墙上的标语，也不是领导挂在嘴边的口号，而是企业员工共同认可的价值观，是体现在企业用人理念、管理制度中的核心原则。很多企业设计了华丽而富有激情的企业文化，但实质上，培育企业文化关键是要"立正守中"。所谓"立正"，是要确保企业文化是正面的、积极的，是与企业的核心利益相辅相成的；"守中"则是强调平衡，既不能太激进，也不能太保守，否则"过犹不及"。另外，企业文化代表了企业的核心价值观和经营管理理念，体现了企业的规范要求，要注重维护企业内部各方利益的平衡，这样企业才能长期稳定发展。

二是清晰企业管理体系。要实现管理体系清晰化，首先要系统化、具体化，企业制度必须要统一归口管理，必须符合企业的核心价值体系，任何新制度的出台，都必须经过严格的审核、评议、批准程序。企业管理体系非常重要的目的是控制风险，首先是控制系统性风险，通过管理制度体系，将企业运营的系统性风险消除；其次要有层次性，层层管控，不能都"一竿子插到底"，事无巨细，想抓的太多、太紧，反而什么都抓不好。企业运营的风险，不可能彻底消除，只能有效控制。

三是理顺企业利益结构。企业内部的利益关系，既包括当期利益，也包括长远利益；既包括实际的经济利益，也包括情感、感受、个人发展等方面的利益。理顺企业内部的利益结构，关键是要构筑清晰的企业内部利益关系框架，让每个部门、每个员工都清楚地了解他们要为企业、为其他部门、为其他员工提供哪些方面的利益或便利，要做到什么程度，而其能够获得的利益又有哪些、有多少，其贡献与所得的基本对应关系是怎样的。企业内部利益关系的架构，不需要像绩效考核制度那样细致、精确，但必须确保企业所有员工的认识和努力方向与企业核心利益保持一致。

四是完善内部竞争机制。必须让所有的员工都有适当的危机感，这样才能保持员工队伍的活力，才能使企业更好地发展，让员工得到实惠；而缺乏危机，则会让员工，特别是老员工安于现状，于是他们不可避免地会去计较眼前利益，哪怕只是蝇头小利，把简单的问题复杂化，从而降低员工的满意度。

总之，企业管理者应该弄清楚管理复杂化的根源，找到症结所在，有针对性地采取措施，掌握核心原则，把握关键问题，减少简单而无序或者复杂而无效的恶性循环，化"繁"为"简"。这样才能真正实现"简单而有效"的管理，提高企业的管理效益。企业经营，大道为简。当我们能从简单走向复杂，再从复杂走向简单的时候，也就是企业从平凡走向优秀，从优秀走向卓越的过程。

没有管不好的企业，只有管不好的方法

在军队中人们常说，"只有不好的将军，没有不好的士兵"；"将军无能，累及三军"。这些话用于企业管理中也有同样的道理。在企业生存与发展的过程中，没有管不好的企业，只有管不好的方法；而管理方法是否有效，取决于管理者的管理水平。

每个管理者都希望自己的管理有效率，但大多情况下却事与愿违。那么，管理者应该如何做，才能使企业往更好的方向发展？最重要的是努力掌握管理艺术，提高管理水平。管理是一门艺术。企业管理者要想掌握这门艺术，可以从以下几个方面努力。如图 1-1 所示。

☞人岗管理

"企业管理"，实则是主要对于"人"的管理。因此，在进行管理变革和组织设计时，我们就必须面对一种"人力资源不匹配"的现实。只有在现有的组织资源条件下，既按照标准设计岗位标准，又参考特殊情况设计组织流程，既要"因事设岗"又要"因人设岗"，既要"因岗选人"又要"兼顾平衡"，否则，就只会留下满腔遗憾。相关办法是：可以在一个明显不称职的

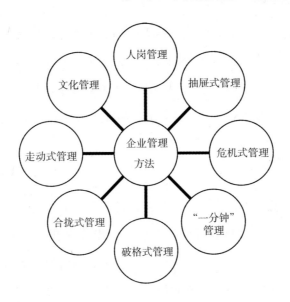

图1-1 企业管理方法

"领导"下面配一个较为专业的助理或副职，让助理落实具体的管理事务，让领导专门发号施令。还可以先将明显不合格但又很"特殊"的人放在一个位置上，然后制定规范，实施考核，加强培训，给出时间，让"特殊"的人们慢慢提升，实在无法提升的，再让他"自我淘汰"。也可以建立内部人力资源机制，培养年轻的知识型人员作为"第三梯队"，慢慢进行"职位替补"。

☞ "抽屉式"管理

"抽屉式"管理，现代管理学中也称为"职务分析"。当今一些经济发达国家的大中型企业都非常重视"抽屉式"管理和职位分类，并且都在"抽屉式"管理的基础上，不同程度地建立了职位分类制度。"抽屉式"管理形容在每个管理人员办公桌的抽屉里都有一个明确的职务工作规范，在管理工作中，既不能有职无权，也不能有责无权，更不能有权无责，必须职、责、权、利相互结合。企业进行"抽屉式"管理有五个步骤：第一步，建立一个由企业各个部门组成的职务分析小组；第二步，正确处理企业内部集权与分权的关系；第三步，围绕企业的总体目标，层层分解，逐级落实职责权限范围；第四步，编写"职务说明"、"职务规格"，制定出对每个职务工作的要求准则；第五步，必须考虑到考核制度与奖惩制度相结合。

☞危机式管理

随着全球经济竞争日趋激烈，世界著名大企业中有相当一部分进入维持和衰退阶段，为改变这种状况，美国企业较为重视推行"危机式"生产管理，掀起了一股"末日管理"的浪潮。美国企业界认为，如果一位经营者不能很好地与员工进行沟通，不能向他的员工表明危机确实存在，那么，他很快就会失去信誉，因而也会失去效率和效益。美国技术公司总裁威廉·伟思看到，全世界已变成一个竞争的战场，全球电信业正在变革中发挥重要作用。因此，他起用两名大胆改革的高级管理人员为副董事长，免去五名倾向于循序渐进改革的高级人员职务，在职工中广泛宣传某些企业由于忽视产品质量、成本上升导致失去用户的危机。他要全体员工知道，如果技术公司不把产品质量、生产成本及用户时刻放在突出位置，公司的末日就会来临。

☞"一分钟"管理

目前，西方许多企业采用了"一分钟"管理法则，并取得了显著成效。具体内容为："一分钟"目标、"一分钟"赞美及"一分钟"惩罚。所谓"一分钟"目标，就是企业中的每个人都将自己的主要目标和职责明确地记在一张纸上。每个目标及其检验标准应该在 250 个字内表达清楚，在一分钟内就能读完。这样，便于每个人明确认识自己为何而做、怎样去做，并且据此定期检查自己的工作。所谓"一分钟"赞美，就是人力资源激励。具体做法是企业的经理经常花费不长的时间，在职员所做的事情中挑出正确的部分加以赞美。这样可以促使每位职员明确自己所做的事情，更加努力地工作，并不断向完美的方向发展。所谓"一分钟"惩罚，是指某件事本该做好却没有做好，管理者对有关人员首先进行及时批评，指出其错误，然后提醒他"你是如何器重他，不满的是他此时此地的工作"。这样，可以使做错事的人乐于接受批评，并注意避免以后发生同样的错误。

☞破格式管理

企业的诸多管理最终都通过对人事的管理达到变革创新的目的。因此，世界发达企业都根据企业内部竞争形势的变化积极实行人事管理制度变革，以激发员工的创造性。世界大企业人事制度的变革，集中反映出对人的潜力的充分挖掘，以搞活人事制度来搞活企业组织结构，注意培养和形成企业内部的"强人"机制，创造竞争、奋发、进取、开拓的新气象。

☞合拢式管理

合拢，表示管理必须强调个人和整体的配合，创造整体和个体的高度和谐。在管理中，欧美企业主要强调个人奋斗，促使不同的管理相互融洽借鉴。其具体特点在于：一是既有整体性又有个体性。企业每个成员对公司产生使命感，"我就是公司"是"合拢式"管理中的一句响亮口号。二是自我组织性。放手让下属做决策，自己管理自己。三是波动性。现代管理必须实行灵活经营战略，在波动中进步和革新。四是相辅相成。要促使不同的看法、做法相互补充交流，使一种情况下的缺点变成另一种情况下的优点。五是个体分散与整体协调性。一个组织中单位、小组、个人都是整体中的个体，个体都有分散性、独创性，但个体可以通过协调形成整体的形象。六是韵律性。企业与个人之间达成一种融洽和谐、充满活力的气氛，激发人们的内驱力和自豪感。

☞走动式管理

走动式管理是世界上流行的一种创新管理方式，它主要是指企业主管体察民意、了解实情，与下属打成一片，共创业绩。这种管理风格已显示出其优越性，如主管动部属也跟着动；投资小，收益大；通过现场管理，使管理成为一种看得见的管理，有利于执行。

☞文化管理

企业管理的控制很重要的一点是企业文化建设，是企业的愿景和个人的愿景相结合。员工的价值观在很大程度上受管理者价值观的影响。所以，教育员工首先要从管理者自身做起。还有，企业必须要有一种企业理念，让企业里的人时刻受到鞭策和鼓舞。企业文化管理的具体方法，有树立样板、实行"学习性组织"等，目的都是为了增强企业的凝聚力和使命感。

总之，企业要想生存并获得很好的发展，需要管理者掌握管理方法，提升管理艺术。管理者在形式上追求简单，但在内涵上则要求深刻、丰富，对企业的经营规律有深刻的认识和把握，如此才能在复杂的企业管理中"快刀斩乱麻"，不至于沉没于"剪不断，理还乱"的日常事务之中。

世界500强带给我们的启示

"世界500强"，是中国人对美国《财富》杂志每年评选的"全球最大500家公司"排行榜的一种约定俗成的叫法。世界500强大致可分为两类：一类是高新技术企业，这类企业通常改变了行业游戏规则甚至是创造了一个新兴行业，如微软、戴尔等；另一类是在传统行业里苦心经营，奋力开拓，使传统产业脱胎换骨并保持竞争优势的企业，如通用、奔驰等。

综观世界 500 强，其长盛不衰的主要原因有三：优质的产品、精明的销售或服务理念、深厚的文化底蕴。而优质的产品、精明的销售或服务理念往往源于深厚的文化底蕴。比如，联想集团的愿景是"未来的联想应该是高科技的联想、服务的联想、国际化的联想"，使命是"为客户利益而努力创新"，价值观是"成就客户、创业创新、精准求实、诚信正直"；万科的愿景是"成为中国房地产行业领跑者"，使命是"建筑无限生活"，价值观是"创造健康丰盛的人生"；苹果电脑公司的愿景是"让每人拥有一台计算机"，使命是"借推广公平的资料使用惯例，建立用户对互联网的信任和信心"，价值观是"提供大众强大的计算能力"；等等。

美国兰德公司、麦肯锡公司、国际管理咨询公司的专家通过对全球优秀企业的研究，得出的结论是：世界 500 强胜出其他公司的根本原因，就在于这些公司善于给它们的企业文化注入活力，这些一流公司的企业文化同普通公司的企业文化有着显著的不同，它们最注重四点：一是团队协作精神；二是以客户为中心；三是平等对待员工；四是激励与创新。凭着这四大支柱所形成的企业文化力，使这些一流公司百年不衰。

由此可见，企业文化是企业生存的活力、源泉和精神所在。如果一家企业没有或缺少企业文化的支撑，它只会成为一盘散沙，最终被社会淘汰。具体来说，世界 500 强带给我们的启示意义主要有以下四点。如图 1-2 所示。

☞企业拥有符合要求的主流文化

所谓符合要求的企业主流文化，就是企业文化的核心价值观符合行业要求、时代要求、战略要求。

有组织的地方就有文化，优秀的企业都拥有强势的主流文化，比如海尔

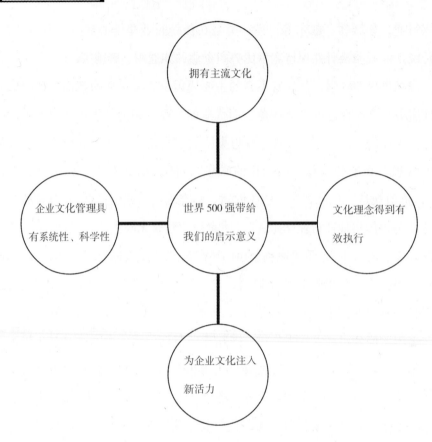

图1-2 世界500强带给我们的启示意义

的"创新"文化、华为的"狼"文化、万科的"职业化"文化等。这些都是大型企业，人数众多，但是主流文化特征明显。比如，海尔的创新文化抓住了竞争制胜的关键，通过创新日清日高，不断提升管理水平；华为的"狼"文化抓住了通信行业的技术同步的机遇，通过竞争和团队成为全球知名的通信产品供应商。

☞文化理念得到有效贯彻与强力执行

文化理念是企业经营管理哲学、智慧的凝练，包括使命、愿景、核心价值观、企业竞争、战略理念、管理理念、人才理念等。

具有优秀企业文化的企业都是"说到做到"的企业。比如，海尔的"创新"已经落实到每个岗位、每个流程、每一天；万科的"职业化"已经成为一种明显的群体特征。

☞能够持续为企业文化注入新活力

企业文化的自我吐纳、自我扬弃、自我趋避、相互交融和自我变革，形成了自我发展过程的渐进与突变、连续与间断的有机统一，这是企业文化的"自我运动"。企业文化的生命与活力是企业整体的生命与活力。只有这样认识和推进企业文化建设，才能增强企业的创新能力、成长动力、经营活力和竞争实力。

优秀的企业都善于持续为企业文化注入新的活力，用文化激励员工积极向善、向好，不断超越。优秀的企业在企业经营管理过程中，通过"主题年"、"竞赛"、"练兵"等多种方式丰富文化的内涵，不断激发员工的创造力，不断提升文化活力。

☞企业文化管理的系统性、科学性日益提升，形成良性循环

企业中通常由专门的部门和组织系统负责企业文化建设的各项管理，企业文化体系从内向外，由核心理念层、制度层、行为层、物质层构成，这四个层次是相互作用的。

优秀的企业文化在这四个方面形成良性循环。如海尔大学、海尔企业文化部作为海尔的企业文化建设管理部门系统，科学地将海尔精神、海尔理念、海尔管理、海尔制度、海尔产品标示、海尔报、海尔行为等文化要素进行统筹管理，海尔大学已经成为文化输出的机构。

美国著名企业文化专家沙因在《企业文化生存指南》中指出："大量案

例证明，在企业发展的不同阶段，企业文化再造是推动企业前进的原动力，是企业的核心竞争力。"世界 500 强都是具有优秀企业文化的企业，而且它们的企业文化深得员工们的认同。事实证明，谁拥有文化优势，谁就拥有竞争优势、效益优势和发展优势。

企业要做强，就要有自己的企业文化

企业文化才是一个企业的基石。好的企业文化是适合自己公司的企业文化，它应该具有如下特点：其一，拥有能得到员工广泛认同的价值观；其二，能在价值观指导下成功地实践与验证；其三，使企业员工产生使命感，使企业产生积极的因素；其四，简约明了，令人心悦诚服；其五，能使企业产生不可复制的竞争力；其六，能使员工对企业产生深厚的感情。

培育积极向上且具有"个性"的企业文化，应重点把握以下几点。如图 1-3 所示。

☞考虑文化渐进性

文化的渐进是一条客观规律，也是实现民族的、企业的新目标、新任务的必然要求。企业要培育适合自己的企业文化，根据社会发展的趋势和文化的渐进性，结合企业的未来目标和任务考虑文化模式。事实上，生产方式、生活方式的变化和进步，必然导致人们心理及行为模式的发展和变异。因此，企业要对源远流长的民族文化和现有的企业文化采取批判继承的态度。取其精华，弃其糟粕，采取辩证分析的方法，不能简单地肯定或否定。特别是要善于发扬本企业的优良传统。

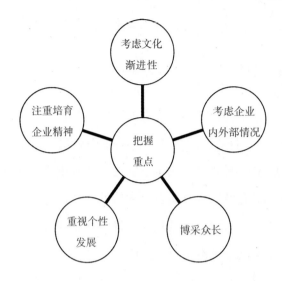

图 1-3　培育积极向上、具有"个性"的企业文化应把握的重点

☞考虑企业内外部情况

根据企业的外部客观环境和内部现实条件，形成企业的共性文化和个性文化。企业在自然资源、经济基础、人员构成等方面存在差异，客观上会产生和形成不同的文化特点。例如，投资大、见效慢、风险性较大的企业，一般需要远见卓识、深思熟虑、严谨的态度和作风，而生产生活消费品的企业则要具有灵活、机敏的特质。

☞博采众长

借鉴吸收其他民族和企业的优秀文化。日本松下电器公司就十分注重荟萃世界优秀企业文化。它规定在国外的子公司有研究各国企业文化的使命，子公司领导人回国述职或参加培训，首先要报告所在国家和地区企业文化的特点。当然，对于外来的企业文化，也不能简单地采取"拿来主义"，而应认真鉴别，分析研究，有选择性地吸收。在吸收、借鉴他人的长处、精华的同时，还必须结合企业的实际，进行一番改造，这样才能适用于自己的企业。

☞重视个性发展

一个企业的文化个性，是该企业在文化上与其他企业不同的特性。海尔的"真诚到永远"，支撑着海尔与众不同的服务质量；沃尔玛的"永远让顾客买到最便宜的商品"的理念，决定了它在全球范围内实施着最低价的商品采购战略。国内许多企业还不具备自己独特的文化风格，更需要重视企业文化个性的发展。首先要认清自己的特点，发挥本企业及其文化素质的独特优势，在自己经验基础上发展本企业的文化个性。

☞注重培育企业精神

着眼企业发展战略，注重培育企业精神。企业文化要配合企业发展战略的需要，为促进企业发展服务。企业精神是企业文化的核心，是企业的精神支柱。企业精神的内容要与企业发展战略相适应。

总之，制定、完善和推广适合自己公司的企业文化，不可能一蹴而就，它伴随着企业发展的全过程，是一个长期深入的系统性工程。当然，真正的企业理念需要深深融入每一个组织成员的思想深处，量化为每一个经营管理的细节，使其在企业每一个员工身上都有烙印，在企业每一个链环上都能闪烁。只有这样，才能真正体现出本公司的文化特色，从而形成企业发展壮大的强大动力。

第二章 正视企业文化，
观念正确才能做对事

正确审视企业文化的内涵，树立正确的企业文化观念，既是企业自身发展所需，也是时代所需。一个企业拥有良好的、为世人称道的企业文化，可以内增凝聚力，增强企业内部成员的归属感、责任感；外增影响力，塑造完美的企业形象，增强企业的品牌吸引力、市场竞争力和持续发展力。

什么是企业文化

理解什么是企业文化，首先需要界定"文化"这个概念。文化，有广义与狭义之分。从广义上说，文化是人类社会历史实践过程中所创造的物质财富与精神财富的总和；从狭义上说，文化是社会的意识形态以及与之相适应的组织机构与制度。而企业文化或称组织文化，则是企业在经营活动中形成的经营理念、经营目的、经营方针、价值观念、经营行为、社会责任、经营形象等的总和。

要想真正理解什么是企业文化，首先要明白四个方面的内容：一是企业文化存在的理由；二是企业文化的内容；三是企业文化的内在特征；四是培育企业文化的注意事项。

☞企业文化存在的理由

企业文化是为企业的生存和发展服务的，具有充足的存在理由。如表2-1所示。

表2-1 企业文化存在的理由

理由	详解
企业本身的需要	企业文化是企业概念中必不可少的因素之一。尤其对于现阶段处于由人治向法治转换过程中的国内公司而言，健康的企业文化将削弱甚至取代个人影响力在企业中的过分存在，为企业的平稳发展创造条件
管理制度实施的需要	没有完美的管理制度，制度中存在的各种漏洞导致的后果的大小完全取决于员工对企业的忠诚度
人才竞争的需要	对共同价值的认同，会使员工产生稳定的归属感，从而吸引、留住人才
市场竞争的需要	良好、健康的企业文化能够提高效率，减少费用支出，提升品牌含金量，增加产品的价值，从而增强企业竞争力。市场中影响竞争产品定价的因素除了通用的生产成本等有形价值外，还包括品牌价值，而品牌价值的影响因素即包括受企业文化影响的公司、员工形象

☞企业文化的内容

正确理解什么是企业文化，必须要了解企业文化的内容。根据企业文化的定义来看，其内容是十分广泛的，但其中最主要的应包括如下几点。如表2-2所示。

表 2-2 企业文化的内容

内容	含义
经营哲学	经营哲学也称企业哲学，是一个企业特有的从事生产经营和管理活动的方法论原则。它是指导企业行为的基础。一个企业在激烈的市场竞争环境中，面临着各种矛盾和选择，要求企业有一个科学的方法论来指导，有一套具有逻辑思维的程序来决定企业的行为，这就是经营哲学
价值观念	价值观念是指企业职工对企业存在的意义、经营目的、经营宗旨的价值评价和为之追求的整体化、个异化的群体意识，是企业全体职工共同的价值准则。只有在共同的价值准则基础上才能形成企业正确的价值目标。企业有了正确的价值目标才会有奋力追求价值目标的行为，才有希望。因此，企业价值观决定着职工行为的取向，关系企业的生死存亡
企业精神	企业精神是指企业基于自身特定的性质、任务、宗旨、时代要求和发展方向，并经过精心培养而形成的企业成员群体的精神风貌。企业精神要通过企业全体职工有意识的实践活动体现出来。因此，它又是企业职工观念意识和进取心理的外化。企业精神是企业文化的核心，在整个企业文化中起着支配的作用。企业精神以价值观念为基础，以价值目标为动力，对企业经营哲学、管理制度、道德风尚、团体意识和企业形象起着决定性的作用。可以说，企业精神是企业的灵魂
企业道德	企业道德是指调整本企业与其他企业之间、企业与顾客之间、企业内部职工之间关系的行为规范的总和。它是从伦理关系的角度，以善与恶、公与私、荣与辱、诚实与虚伪等道德范畴为标准来评价和规范企业。它具有更广泛的适应性，是约束企业和职工行为的重要手段
团体意识	团体意识是指组织成员的集体观念。团体意识是企业内部凝聚力形成的重要心理因素。企业团体意识的形成能使企业的每个职工把自己的工作和行为都看成是实现企业目标的一个组成部分，使他们对自己作为企业的成员而感到自豪，对企业的成就产生荣誉感，从而把企业看成是自己利益的共同体和归属。因此，他们就会为实现企业的目标而努力奋斗，自觉地克服与实现企业目标不一致的行为
企业形象	企业形象是企业通过外部特征和经营实力表现出来的、被消费者和公众所认同的企业总体印象。由外部特征表现出来的企业的形象称表层形象，如招牌、门面、徽标、广告、商标、服饰、营业环境等。流通企业由于主要是经营商品和提供服务，与顾客接触较多，所以表层形象显得格外重要，但这绝不是说深层形象可以放在次要的位置

续表

内容	含义
企业制度	企业制度是在生产经营实践活动中所形成的、对人的行为带有强制性，并能保障一定权利的各种规定。企业制度是精神文化的表现形式，是物质文化实现的保证。企业制度作为职工行为规范的模式，使个人的活动得以合理进行、内外人际关系得以协调、员工的共同利益受到保护，从而使企业有序地组织起来为实现企业目标而努力
企业文化结构	企业文化结构是指企业文化系统内各要素之间的时空顺序、主次地位与结合方式。企业文化结构就是企业文化的构成、形式、层次、内容、类型等的比例关系和位置关系。它表明各个要素如何链接，形成企业文化的整体模式。即企业物质文化、企业行为文化、企业制度文化、企业精神文化形态
企业使命	企业使命是指企业在社会经济发展中所应担当的角色和责任，是指企业的根本性质和存在的理由，说明企业的经营领域、经营思想，为企业目标的确立与战略的制定提供依据。企业使命要确定企业在全社会经济领域中所经营的活动范围和层次，具体地表述企业在社会经济活动中的身份或角色。它包括的内容为企业的经营哲学、企业的宗旨和企业的形象

☞企业文化的内在特征

正确理解什么是企业文化，必须理解企业文化的内在特征。现代企业文化具有鲜明的内在特征，它们是：独特性、继承性、融合性、人本性、整体性和创新性。如表 2-3 所示。

表 2-3　企业文化的内在特征

特征	释义
独特性	企业文化具有鲜明的个性和特色，具有相对独立性，每个企业都有独特的文化积淀，这是由企业的生产经营管理特色、企业传统、企业目标、企业员工素质以及内外环境不同所决定的

续表

特征	释义
继承性	企业在一定的时空条件下产生、生存和发展，企业文化是历史的产物。企业文化的继承性体现在三个方面：一是汲取优秀的民族文化精华；二是继承企业的文化传统；三是吸收并继承外来的企业文化实践和研究成果
融合性	企业文化的相融性体现在它与企业环境的协调和适应性方面。企业文化反映了时代精神，它必然要与企业的经济环境、政治环境、文化环境以及社区环境相融合
人本性	企业文化是一种"以人为本"的文化，最本质的内容就是强调人的理想、道德、价值观、行为规范在企业管理中的核心作用，强调在企业管理中要理解人、尊重人、关心人。注重人的全面发展，用愿景鼓舞人，用精神凝聚人，用机制激励人，用环境培育人
整体性	企业文化是一个有机的统一整体，人的发展和企业的发展密不可分，企业要引导企业职工把个人奋斗目标融于企业整体目标之中，追求企业的整体优势和整体意志的实现
创新性	创新既是时代的呼唤，又是企业文化自身的内在要求。优秀的企业文化往往在继承中创新，随着企业环境和国内外市场的变化而改革发展，引导大家追求卓越，追求成效，追求创新

总之，企业文化是企业在生产经营实践中逐步形成的，为全体员工所认同并遵守的、带有本组织特点的使命、愿景、宗旨、精神、价值观和经营理念，以及这些理念在生产经营实践、管理制度、员工行为方式与企业对外形象中的总体反映。它是企业个性化的根本体现，是企业生存、竞争、发展的灵魂，是推动企业发展的不竭动力。

企业文化与企业运营管理

企业文化作为一种全新的企业管理理论，主张把企业价值观渗透到企业经营管理的各个方面、各个层次和全过程，用文化的手段、文化的功能、文化的力量，去促进企业整体素质、管理水平和经济效益的提高。为此，企业需做好两个方面的工作：一是处理好企业文化与企业运营管理两者之间的关系，避免认知和建设上的误区；二是企业文化建设要与企业经营管理活动相结合。

☞企业文化和企业经营的关系

企业文化是价值观、经营理念等意识形态观念；企业经营是企业运营的行为。观念想法决定行为，也就是说企业文化决定企业经营的方式方法。经营行为是外在的，文化是内在的，决定经营行为的理念、价值观、精神使命；经营行为是文化的"用"，企业文化是经营的"体"。企业文化建设与企业经营管理活动的有机结合，可以最大限度地提高企业管理效率。

企业文化建设与生产经营的有机结合可以使企业管理不断得到提升和完善是不言而喻的。但是，摆在企业界人士面前的更重要的任务，首先是要避免认知和建设上的误区。

认知上的误区包括：政治化、口号化、文体化、表象化、僵死化、营销化等。其具体表现如表2-4所示。

表2-4　企业文化认知上的误区

认知误区	解析与建议
企业文化政治化	在许多企业的走廊、办公室甚至各车间的墙上四处可见形形色色、措辞铿锵的标语口号，如"团结"、"求实"、"拼搏"、"奉献"等。这些已经被滥用的词汇无法真实地反映该企业的价值取向、经营哲学、行为方式、管理风格；更遑论在全体员工中产生共鸣了

续表

认知误区	解析与建议
企业文化口号化	把企业文化等同于空洞的口号，缺乏企业的个性特色，连企业的决策者本身都说不清楚其所代表的具象表现，对员工自然无法起到强烈的凝聚力和向心力作用
企业文化文体化	有的企业把企业文化看成是唱歌、跳舞、打球。于是纷纷建立舞厅，成立音乐队、球队，并规定每月活动的次数，作为企业文化建设的硬性指标来完成，这是对企业文化的浅化
企业文化表象化	有人认为，企业文化就是创造优美的企业环境，注重企业外观色彩的统一协调，花草树木的整齐茂盛，衣冠服饰的整洁大方，设备摆放的整齐优美。但这种表面的繁荣并不能掩盖企业精神内核的苍白
企业文化僵死化	有些企业片面强调井然有序的工作纪律，下级对上级的绝对服从，把对员工实行严格的军事化管理等同于企业文化建设，导致组织内部气氛紧张、沉闷、缺乏创造力、活力和凝聚力，这就把企业文化带到了僵死化的误区
企业文化营销化	企业在树立自身企业文化时最容易犯的错误是形成一种对外的文化。这种文化更多地被当成营销的一种手段，企业文化实际上是目标、价值、信念和行为规范的综合，企业行为的基本核心和指导思想，仅仅流于企业文化外表上的概念而忽略其核心价值，那么企业文化对企业没有丝毫的协助

建设误区包括：目标定位上的误区、主客体关系上的误区、内容上的误区、方法上的误区等。其具体表现如表2-5所示。

表2-5　企业文化建设上的误区

建设误区	解析与建议
目标定位上的误区	企业文化作为经济和文化有机结合的产物，应是企业所要达到的目标与实现目标手段的统一体。有的企业把建设企业文化的目标定位于塑造员工，包括按领导者和组织的意图改变员工的观念、习惯和行为方式等。但需要注意，在促进员工发展的同时也应塑造企业自身，实现相互作用、相互促进。比如有的企业文化建设存在"文化理想"现象，其设立的文化建设目标已超出企业自身的承载范围，大而空，缺乏脚踏实地的定位

续表

建设误区	解析与建议
主客体关系上的误区	有人认为企业文化是领导者所倡导的，是自上而下的，企业文化建设中员工只是被动的接受者，而不是主动的参与者和创造者。而事实上，企业文化应是一个企业全部或大多数成员所共有的信念和期望的模式。领导者的文化素养和对企业文化建设的认知度，对企业核心文化的构架起着重要作用，但企业文化不等同于"企业家文化"，应该让全体员工参与企业文化建设，因为员工才是主体。只有把企业领导者的战略思考、主导作用与广大员工参与的基础、主体作用相结合，才能真正创造出有生命的企业文化，才能真正使企业文化成为领导者和员工共有的精神家园
内容上的误区	一是企业文化的内容简单为"企业＋文化"。用空洞的口号、铺排的文字、华丽的说辞附庸风雅地装饰企业，造成企业文化口号化。二是企业文化表象化。有些企业文化建设往往是"纸上谈兵"，或是美化厂容厂貌；企业文化虚置化，包装、炒作现象突出，搞所谓的"形象广告"宣传轰炸。三是企业文化等同于企业的思想政治工作。比如，认为企业文化就是协助企业党组织做好员工的思想政治工作、精神文明建设；认为企业文化建设就是搞活动、树典型、唱赞歌；认为企业文化建设就是概括几句响亮的口号；认为企业文化就是组织员工开展业余文体活动；认为企业文化就是包装企业形象；等等
方法上的误区	企业文化建设的方法存在两种错误倾向：一种是缺乏理论判断的自然主义倾向。认为企业文化是企业在长期生产经营活动中自然形成的，企业没办法，也不该进行人为的策划、设计、建设，结果导致企业文化建设的"无作为"现象，缺乏明确的理念指导。另一种是缺乏实证分析的主观主义倾向。认为企业文化是根据领导者的意图，人为策划、设计出来的，结果导致企业文化建设出现形式主义或者"突击"现象，盲目效法其他企业文化建设，缺乏特色和个性

☞企业文化建设要与企业经营管理活动相结合

企业文化是一个企业的核心价值观，作为一个企业的精神支柱，它在企业管理中发挥着不可替代的作用。因此，必须将企业文化力渗透在战略、管理、人力、流程、营销、品牌以及各层级人员的行为中去，才能最大限度地调动全体员工的积极性、主动性和创造性。具体结合点见表2-6。

表 2-6　企业文化建设与经营管理活动的结合点

结合点	实施细则
与企业战略相结合	以公司使命、愿景和价值观为指导来制定公司的发展目标和战略；把文化推进与战略实现紧密结合起来。通过文化理念为战略定向，通过文化理念满足和支撑战略的发展。比如做商业的，就要强调商品和服务品质的理念；做食品业务，就要强调品质的理念；做航空业务，就要强调安全的理念
与人力资源相结合	把企业文化的核心理念和人才理念贯彻到人力资源管理的全过程，将企业的价值观念与用人标准结合起来，根据文化理念来制订长期的人力资源战略规划；导入职业生涯规划，建立能力素质模型和员工胜任力指标，设计培训体系，开发培训课程，实施教练式培训
与绩效考核相结合	把企业价值观作为多元考核指标的内容，注入绩效考核体系。建立绩效考评和工作激励体系，开发绩效考核指标
与组织管控相结合	以打造学习型、创新型、和谐型组织为目标，完善公司组织架构，优化组织流程；建立畅通的沟通合作机制；建立灵活的内控机制，提高执行力；相关制度的梳理优化
与生产研发相结合	以安全、质量、环保等经营理念为指导，优化各项生产流程、标准和制度；积极促进生产与研发相结合，以科研推动生产
与品牌营销相结合	以品牌营销理念来指导公司的市场开发和营销服务工作；建立人性化、专业化、便捷的营销服务标准；塑造企业良好的行业及市场形象
与经营管理相结合	坚持以企业文化为引领，开展业务经营活动，摒弃与企业文化理念相左的习惯和行为。尤其在商业模式创新、经营过程中要真正贯彻文化理念，从上到下，经常对照检查，对做得好的典型要表扬、宣传，加强正面引导。一是管理行为一致性评估，即评估目前所采取的管理行为中，哪些与文化理念的要求一致，哪些是不一致的，继而找到管理行为上的不足；二是管理效能评估，即评估目前采取的、符合文化要求的管理行为，哪些改善了业绩，能够支撑战略的发展，哪些不能，如何改进
与制度规范相结合	为文化找到一个附着点。这个附着点就是管理行为，包括具体的管理策略、制度与流程等，必须将文化的核心理念融入企业管理制度和员工行为规范。在这个阶段，首先需要基于文化理念评估管理行为，即企业采取的管理行为是否与文化理念一致。如果一致，那么企业就拥有一个符合文化的管理环境。环境决定行为，管理环境会引导、固化员工的行为，促使员工做出符合文化理念的行为

综上所述，企业要处理好企业文化与企业经营管理两者之间的关系，将

企业文化真正融入企业的生产经营过程中，调动企业内部的积极性。这样既能够带动企业的发展，还可以关注到个人的价值，推动员工的个人发展，实现企业与员工的共存共赢，同时可以升华企业文化，变企业的强制性管理为员工的自觉性行为，让他们真正将企业当成自己的家。

企业文化的主要作用

企业文化实质上也是一种竞争文化，在这种竞争中，企业的信誉、形象、品牌和知名度已经成为企业不可估量的无形资产，在市场竞争中占据着十分显著的地位。企业竞争实际上也是隐含在企业形象展示、产品广告宣传及社会公关活动背后的文化竞争，建设企业文化就是要提高企业核心竞争力，追求良好的企业效益。企业必须重视文化战略，以文化决胜于市场，以企业文化推动企业发展，这是提高企业核心竞争力的关键因素。

企业文化是企业核心竞争力的关键因素，是一个企业或一个组织在自身发展过程中形成的以价值为核心的独特的文化管理模式，是一种凝聚人心以实现自我价值、提升企业竞争力的无形资本，是企业发展强大的内在驱动力量，具有不可低估的巨大作用。具体来说有以下六个方面的主要作用。如图2-1所示。

☞导向作用

所谓导向作用，就是把企业职工个人的目标引导到企业所确定的目标上来。在激烈的市场竞争中，企业如果没有一个自上而下的统一的目标，很难参与市场角逐，更难在竞争中求得生存与发展。在一般的管理概念中，为了

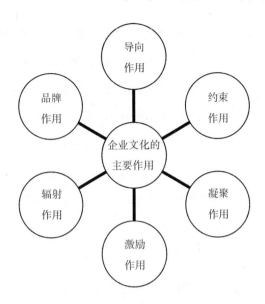

图 2 – 1　企业文化的主要作用

实现企业的既定目标，需要制定一系列的策略来引导员工，而如果有了一个适合的企业文化，职工就会在潜移默化中接受共同的价值理念，形成一股力量向既定的方向努力。

企业文化就是在企业具体的历史环境条件下，将员工的事业心和成功的欲望化成具体的目标、信条和行为准则，形成企业职工的精神支柱和精神动力，让他们为企业共同的目标而努力。因此，优秀的企业文化建设，实质是建立企业内部的动力机制，这一动力机制使广大职工了解了企业正在为崇高的目标而努力奋斗，这不但可以产生具有创造性的策略，而且可以使职工勇于为实现企业目标而做出个人牺牲。

☞约束作用

作为一个组织，企业常常不得不制定出许多规章制度来保证生产的正常运行，这当然是完全必要的，但是即使有了千万条规章制度，也很难规范每个职工的行为，而企业文化是用一种无形的文化上的约束力量形成的一种行为规范，制约员工的行为，以此来弥补规章制度的不足。

企业文化使信念在职工的心理深层形成一种定式，构造成一种响应机制，只要外部诱导信号发生，即可以得到积极的响应，并迅速转化为预期的行为。这就形成了有效的"软约束"，可以减弱硬约束对职工心理的冲撞，减弱职工对管理制度的抵触，缓解自治心理与被治心理形成的冲突，削弱由其引起的一种心理抵抗力，从而使企业上下左右达成统一、和谐和默契。

☞凝聚作用

文化是一种极强的凝聚力量。企业文化是一种黏合剂，把各个方面、各个层次的人都团结在一起对企业产生一种凝聚力和向心力，使职工个人思想和命运与企业的安危紧密联系起来，使他们感到个人的工作、学习、生活等任何事情都离不开企业这个集体，与企业同甘苦、共命运。

企业文化以人为本，尊重人的感情，从而在企业中营造了一种团结友爱、相互信任的和睦气氛，强化了团体意识，使企业职工之间形成强大的凝聚力和向心力。共同的价值观念形成了共同的目标和理想，职工把企业看成是一个命运共同体，把本职工作看成是实现共同目标的重要组成部分，整个企业步调一致，形成统一的整体。这时，"厂兴我荣，厂衰我耻"就会成为职工发自内心的真挚感情，"爱厂如家"就会变成他们的实际行动。

☞激励作用

企业文化的核心是创造出共同的价值观念，优秀的企业文化就是要创造出一种人人受重视、受尊重的文化氛围。良好的文化氛围，往往能产生一种激励机制，使每个成员做出的贡献都会及时得到职工及领导的赞赏和奖励，由此激励员工为实现自我价值和企业发展而不断进取。

此外，企业精神和企业形象对企业职工有着极大的鼓舞作用，特别是企业文化建设取得成功，在社会上产生影响时，企业职工会产生强烈的荣誉感和自豪感，他们会加倍努力，用自己的实际行动去维护企业的荣誉和形象。

☞ **辐射作用**

企业文化塑造着企业的形象。优良的企业形象是企业成功的标志，其包括两个方面：一是内部形象，它可以激发企业职工来自企业的自豪感、责任感和崇尚心理；二是外部形象，它能够更深刻地反映出该企业文化的特点及内涵。

企业文化不仅在企业内部发挥作用，对企业员工产生影响，它也能通过传播媒体、公共关系活动等各种渠道对社会产生影响，向社会辐射。企业文化的传播对树立企业在公众中的形象有很大帮助，优秀的企业文化对社会文化的发展有很大的影响。

☞ **品牌作用**

所谓品牌作用，也就是企业文化所具有的品牌功能。企业在公众心目中的品牌形象，是一个由以产品服务为主的"硬件"和以企业文化为主的"软件"所组成的复合体。优秀的企业文化，对于提升企业的品牌形象将发挥巨大的作用。

独具特色的优秀企业文化能产生巨大的品牌效应。无论是世界著名的跨国公司，如"微软"、"福特"、"通用电气"、"可口可乐"，还是国内知名的企业集团，如"海尔"、"联想"等，它们独特的企业文化在其品牌形象建设过程中都发挥了巨大作用。品牌价值是时间的积累，也是企业文化的积累。

没有企业文化就没有企业的核心竞争力

企业要提升整体素质，培育企业的核心竞争力，除了遵循市场经济规律外，其最能在竞争中制胜的王牌就是企业文化。事实上，一个企业的动力及凝聚力都来自于企业的文化，技术只是一个平台，没有一套成功的企业文化，企业就没有核心竞争力，其生命力也是有限的。

☞什么是企业核心竞争力

核心竞争力是在组织内部经过整合了的知识和技能，尤其是关于如何协调多种生产技能和整合不同的技术和知识的技能。核心竞争力是一个企业的核心竞争优势所在。从这个意义上说，良好的企业文化才是企业的核心竞争力。哈佛商学院的研究认为，企业的核心竞争力主要包括以下五项因素：企业文化因素、创新因素、组织因素、人力因素和管理因素。

企业核心竞争力通常具有如下特征。如表2-7所示。

表2-7 企业核心竞争力的特征

特征	含义
特殊性	特定企业以特定方式沿着特定的技术轨道逐步积累起来的核心竞争力，是个性化发展过程的产物，不易被竞争对手完全模仿、掌握
相融性	核心竞争力与企业相辅相成，不仅包括企业独特的技术性能，而且包含企业理念、企业管理、企业文化等无形资产。与企业实物资产不同，核心竞争力难以从企业主体中分离出来，从而使企业与竞争对手产生性质的差别，成为企业竞争差异化的有效来源

续表

特征	含义
价值可变性	由于竞争的存在，竞争对手会竭力发展自身的核心竞争力，逐步缩小与原来拥有核心竞争力企业的差距，直至完全超越，最终使个别企业的核心竞争力成为所有企业的一般竞争力

核心竞争力在企业成长过程中的主要作用表现在四个方面：其一，从企业战略角度看，核心竞争力是战略形成中层次最高、最持久的，从而是企业战略的中心主题，它决定了有效的战略活动领域；其二，从企业未来成长角度看，核心竞争力具有打开多种潜在市场、拓展新的行业领域的能力；其三，从企业竞争角度看，核心竞争力是企业持久竞争优势的来源和基础，是企业独树一帜的能力；其四，从企业用户角度看，核心竞争力有助于实现用户最为看重的核心的、基本的和根本的利益，而不是那些一般性的、短期限的好处。核心竞争力的形成和发展的过程其实是一个更漫长的过程。

☞企业文化与核心竞争力的关系

市场竞争已经发生了从产品、人力资源、价格等竞争到核心能力竞争的战略观念的转变。企业培育和发展自己的核心能力参与竞争，对于一个企业甚至于一个行业来说都是极为重要的。新的竞争环境告诉我们，市场竞争单靠物质力量较量的时代已经过去，竞争中核心能力的形成必须靠企业文化的整合力。

具体来说，企业文化与核心竞争力的关系表现在以下四个方面：

一是企业文化本身就是企业的核心竞争力。其表现在战略策划能力、组织管理能力、技术研发能力、生产制造能力、市场营销能力和客户服务能力等方面。其中最核心、最根本的部分是一种能将各种竞争能力要素进行整合的能力。具备这种能力的就是企业文化，并且是一种优秀的企业文化。企业要想使自己的核心竞争力更具竞争力，就要将核心竞争力与企业文化完美地融合到一起。

二是企业文化提供了一种牵引力。企业文化是企业的长期牵引力；企业的激励机制是企业的内部动力；科学、规范的管理则是企业的推动力，这三个力合起来就构成了企业的核心竞争力。在这之中，企业文化所提供的是一种长期牵引力。所以，企业文化建设不是一朝一夕便可完成的，它应该是企业在长期的工作中不断地积累经验、学习、沟通、再实践的一个过程。

三是企业文化是核心能力形成的主要保证。在市场经济条件下，企业文化实质上是竞争文化，它是以现代文化理念为指导，以企业在国际化环境中竞争并取得优势为鲜明目标。竞争中作用能力的形成，必须靠企业文化的整合力，否则一个企业的核心专长及核心竞争力是很难确定和形成的。企业是市场竞争的主体，掌握文化竞争的主动权，就是掌握企业的生命之根、制胜之魂。竞争越激烈，企业文化建设就越紧迫。

四是核心竞争力的发展对企业文化发展的作用。核心竞争力在其发展过程中会反过来促进企业文化的建设，培育和发展核心竞争力需要企业文化的支撑，如果企业文化不够好，那么企业核心竞争力的发展将会进行得很困难，发展的速度会放慢而且维护的效果还不一定会好。文化的建设需要企业其他资源的支持，核心能力的形成也是一样。

☞利用企业文化提升企业核心竞争力的具体方法

用企业文化提升企业的核心竞争力，要增强全体员工建设企业文化的意识，要注重全员的参与性。具体来说，可通过以下措施来提升和充分巩固企业核心竞争力。如图2-2所示。

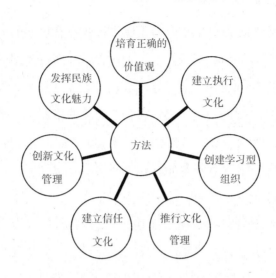

图2-2　利用企业文化提升核心竞争力的具体方法

一是培育共同价值观以增强企业的凝聚力。企业文化建设要围绕价值观来进行。企业价值观是员工共同的价值观，是企业文化的核心，它具体化为经营理念、管理准则，能衍生出企业精神，演变为员工行为准则和工作作风。正确的价值观是企业文化相对固定的元素，不会随波逐流或轻易地就改变。比如，同仁堂"同修仁德，济世养生"的核心价值观，300多年来保持不变，至今仍显现出旺盛的生命力；海尔在商战中总结并提炼出"创新"价值观，给企业带来了无穷的活力。确立企业价值观要紧密结合企业生产经营实际，以行业的特点，体现现实对员工的要求和企盼，使企业和个人的价值追求保持一致。

二是建立执行文化，提升执行力。执行力是指贯彻战略意图，完成预定目标的操作能力。它是企业竞争力形成的主要标志，也是最终的一种体现，是把企业的战略规划转化为效益、成果的关键。执行文化是企业文化的重要组成部分，同时也是体现企业文化是否到位的重要标准。执行文化是企业文化与行为的统一。执行文化也就是把"执行"作为所有行为的最高准则和终极目标的文化。缺少执行文化的企业文化也就没有了生命力。

三是创建学习型组织，形成学习氛围，有效提升企业的创新力。学习和创新是核心能力的重要组成部分。一个企业要想长期在激烈的市场竞争中立于不败之地，仅凭一项资源优势是远不够的，人才、技术、营销、服务、管理等一系列的企业生存的基础，都要靠企业文化的培养，并根据行业特点与历史进行最有效的组合。在一个有浓厚学习氛围的企业中，只要大家有收获，能从学习中享受到乐趣，周而复始，就能将组织学习变成一种习惯，从而使员工能够不断地学习。

四是推行文化管理以巩固企业竞争力。管理科学的发展史可分为三个相对独立的阶段：经验管理、科学管理、文化管理。经验管理的特征是"人管人"；科学管理是"制度管人"，均属于他律；文化管理是"文化管人"，强调员工自我管理，属于自律。显然自律的效果要比他律好，这就使得文化管理成为企业管理的最高境界！

五是建立信任的企业文化。企业要进行文化管理，就必须建立在信任的基础上，这里的信任包括上级对下属的领导艺术和团队成员之间的彼此默契。对于前者而言，上级所持的信任态度实际上是文化的管理原则，是文化管人胜过人管人或是制度管人。对后者而言，团队作为组织中的基本"细胞"，成员之间相互交流并达成默契，才能保持这个"细胞"的活力与高效。建立信任的企业文化意味着企业为员工提供保障，使员工明白今天的付出是为明天的成功铺路，这就是企业文化管理深入人心、企业保持持续发展的重要因素。

六是管理创新是文化管理的根本。"管理创新"是企业创新的奥妙所在，其本身也是不断向前发展的管理科学的主题。在管理创新过程中存在大量的不确定因素，极易导致创新风险。坚韧不拔、百折不挠，正确对待成败是管理创新的必要素质，这也正能体现出一个企业文化对于管理创新的态度；同时，要不断进取、永不满足。过去的成功并不能保证将来的成功，目标平庸会导致落后，追求卓越才能不断推出创新之举；还要因地制宜、注重实效。

管理创新从企业实际和客户要求出发，才能探索出有效的、适合企业发展的管理方法，才能形成企业独特的竞争优势。

七是用民族文化来建设个性企业文化，从而提升核心竞争力。每一个民族都有自己独特的文化个性，这种文化个性使这一民族具有一种最擅长的能力，这种最擅长的能力就是这一民族的文化能力。越是民族的就越是世界的。企业文化应该根植于民族文化的土壤之中，"博采众长，以我为主"，塑造一种基于民族文化和商业伦理的，真正的核心价值观，并由此建立起适合中国国情的价值观体系。

总之，没有企业文化就没有核心竞争力，因为企业文化核心中的核心就是培育和创造一种适合企业实际、催人向上、开拓创新、永创一流的企业精神。建设个性化的企业文化，要着眼于全球化，坚持民族性，体现开放性，以增强企业的核心竞争力。

第三章　建设企业文化的核心四要素

企业文化是企业价值观、企业理念、企业精神、企业目标的总和。企业核心文化四要素均蕴含着巨大的能量，分别是企业文化建设的核心、企业文化建设的灵魂、发挥企业文化凝心聚力作用、打造特色企业文化。它们是企业存在的反映，受企业所处时代的环境因素的影响，并将被打上时代的烙印。

构建企业价值观——企业文化建设的核心

企业共有价值观是企业文化建设的核心，它是由企业领导者按照社会的需求、企业成员的实际以及自己的价值观念融合并逐步形成的。其经历提出适合本企业的企业共有价值观和企业成员接受企业共有价值观的过程两个阶段而形成，呈现自发性和普遍性的特点，并在企业发展中起到导向和融合作用。

关于企业的价值观我们可以列举很多组成部分，但究竟哪些能称为核心价值观呢？为解答这一问题，我们不妨先来解读恩科音响和惠普的案例，然后再来总结构建企业核心价值观的原则和方法。

【案例】 恩科音响企业价值观的构建

恩科音响是深圳市恩科电子有限公司旗下品牌。自2003年创立以来，恩科始终以更小的体积、更大的功率和更好的音效，为广大用户提供更优越的音乐体验，提供高品质的音频产品和高品位的生活享受。历经10余年的市场运作和国际国内市场的积淀，恩科音响积累了丰富的产品创新设计理念，尤为可贵的是面对国内市场的复杂环境，恩科不断深入探讨国人的生活形态、生活价值取向、消费趋势和人文情怀，并将其融入产品设计理念当中。

音乐是充满灵气的使者，音响产品不仅传递音乐，更应该成为音乐的一部分。在如今商品同质化日趋严重的环境下，对于音响产品设计，文化渗透是品牌取胜的关键。恩科音响在设计产品的过程中，更多地萃取主流文化因素或文化符号因子，与产品融为一体，通过产品传递优异音效的同时，更多的是传递一种文化、一种情感的寄托等精神价值。因此，与其说恩科音响是在售卖音响产品，不如说是在售卖一种文化，传递一种和自身相契合的精神诉求。

恩科音响最初的企业价值观是"激情、超越、分享"，通过多年的积累与沉淀，2013年可谓恩科品牌策动元年。当年10月15日，第114届中国进出口商品交易会暨2013年秋季广交会展第一期展会于广州琶州展馆拉开帷幕，恩科音响作为国内消费类电子行业的领军者，携多系列音箱产品震撼登陆广交会，向世界各地的客户和经销商展示了自己的产品优势与全新的品牌形象。

恩科音响由刚成立时的30多名员工开始，通过不断发展和壮大，现在已经拥有位于深圳、江西赣州的三大工业园区。每天有近2000套恩科自主品牌的多媒体音箱流向各地的消费者手中。让音乐为消费者带来"激情、快乐、分享"的心情，这也是恩科品牌赋予产品的价值观：悦生活，乐分享，以博大胸襟和乐观精神引领发展，以诚信打造成功，并立志成为行业备受尊敬的领导品牌。

【案例】惠普公司企业价值观的构建

惠普公司成立于1939年，是一家全球性的资讯科技公司，专注于打印机、数码影像、软件、计算机与资讯服务等业务。经过多年的发展完善，惠普公司形成了具有独特风格的企业价值观。

一是"热忱对待客户"。惠普公司做任何决定，做每一件事，都要把客户放在第一位。一次，使用惠普软件的一家公司在处理租赁申请时出了问题，无法及时检验和批准大量的租赁申请。惠普公司立即派出专家到这家公司，经过分析大量资料，终于找到了问题的关键因素，立即改进了惠普公司提供的软件系统，极大地提高了这家公司处理租赁申请的工作效率。

二是"信任和尊重个人"。惠普公司一贯认为，公司应该致力于营造激动人心的、能够挑战员工聪明才智的工作环境。每个人都可以在这样的环境中做出贡献，不断成长。公司坚信，如果拥有了合适的工具，获得了有效的支持，每个人都愿意并且能够做好工作；人与人可以精诚合作，完成不寻常的工作。公司致力于招聘优秀而富有创造力的人才，以组建具备多方面能力的团队。惠普公司把"信任和尊重个人"作为"惠普之道"核心价值观念之一，体现了公司"以人为本"的管理思想。

三是"追求卓越的成就与贡献"。惠普公司较早引入了目标管理法，经验表明，使用目标管理法，首先要明确公司的总目标，并确保公司各层次的员工对总目标取得一致意见。确定总目标后，各级经理必须保证手下的员工清楚地理解公司的宗旨和目标，进一步明确自己所在部门的具体目标。各级经理同时还应该促进员工之间的良好沟通和相互理解，以使员工能够灵活地履行职责，实现目标。有效运用目标管理法，还要求员工必须对自己的工作有足够的兴趣，能够积极实施工作计划，面临问题时，能够提出解决办法，敢于承担风险，高效完成任务。

四是"注重速度和灵活性"。为了保证速度和灵活性，惠普公司在规模扩大的同时，不断实行适度分散的战略，具体做法是把企业的业务相关部分组合起来，形成分部，这就是惠普公司"划小结构"的管理实践模式。到了20世纪60年代中期，惠普公司已经建立了十多个业务分部，每个分部都是一个独立自主、相对完整的组织，负责自己产品的开发、制造和销售。"划小结构"组织模式创造出一种能够促进员工发挥干劲、主动性和创造性的环境，使员工获得了为共同的目标而努力的广泛自由。

五是"专注有意义的创新"。惠普公司从成立起，就确认自己是一家技术公司，应该创造有用的和有意义的产品。公司认为，只有努力去准确解决客户的问题，才能实现产品和服务的价值，才能使公司事业兴旺。公司发明是为了应用，而不是为了发明而发明。9100型台式计算器以及HP35计算器的发明，就是惠普公司"专注于有意义的创新"的很好例子。尤其是HP35型微型计算器功能强大，体积小巧，投放市场就供不应求，使得各个行业的工程师立即告别了以前必须使用的笨重的计算尺。

六是"靠团队精神达到共同目标"。惠普公司指出，团队有效合作是成功的关键。公司的员工要组成一个团队来实现并力争超越客户、股东与合伙人的期望。公司认为，供应商、分销商也是组成公司团队不可缺少的部分，与它们密切合作是公司成功的保证。为了创造机会使员工随意沟通，彼此熟悉，惠普公司在成立后，每年在公司所在地区为所有员工及其家属举办一次野餐会。在野餐会烹调和餐饮的过程中，公司领导可以见到所有员工及其家属，员工之间可以随意交流畅谈，气氛热烈而融洽。

七是"坚持诚实与正直"。惠普公司强调，企业经营要公开、诚实、坦率，公司相信这样的态度和做法对于赢得客户的信任、尊重和忠诚至关重要。公司任何层级的员工，都应该坚持商业伦理的最高标准，不能打丝毫折扣。

例如，惠普公司力争在产品的设计、生产、原材料供应等方面采取措施，最大限度地保护环境。惠普公司对环境高度负责的精神和行动，赢得了用户的普遍好感与广泛支持。

从恩科音响和惠普构建价值观的过程中我们发现，企业的核心价值观是企业为达到经营成功而产生的，并在企业的经营过程中共同遵守。反映企业意志的价值理念，是企业经营管理的深层体现，是融合了民族与时代特色的企业宗旨；同时，企业价值观是企业文化的"核动力"源，其能量渗透到企业的目标、战略、政策、日常管理及一切活动中，反映到每个部门、每个职工、每个产品上，也辐射到企业的外部。结合恩科音响和惠普的做法，我们得出构建企业价值观的原则与方法。如表 3 - 1 所示。

表 3 - 1 构建企业价值观的原则与方法

原则与方法	实施细则
全体共识	古语云："上下同欲者胜。"比如惠普公司的"追求卓越的成就与贡献"，明确公司的总目标，并确保公司各层次的员工对总目标取得一致意见
以人为本	核心价值观培育的对象就是员工，因此要做到以人为本，将这一理念渗透到各个工作环节，包括情感管理、满足需求和建立长效机制。比如惠普公司把"信任和尊重个人"作为"惠普之道"核心价值观念之一，体现了公司"以人为本"的管理思想
创建学习型组织	学习型组织理论要求组织中的每一个成员不仅要终身学习，不断补充新知，而且要开放自我，与人沟通，最终达到从个体学习、组织学习到学习型组织的目标。恩科音响面对国内市场的复杂环境，不断深入探讨国人的生活形态、生活价值取向、消费趋势和人文情怀，更多地萃取主流文化因素或文化符号因子，与产品融为一体。售卖音响产品就是在售卖一种文化，传递一种和自身相契合的精神诉求
协调与无界限	现代企业强调无界限合作，这无界限就需要文化来融合，靠核心价值观来串联。比如惠普公司"划小结构"的管理实践模式，创造出了一种能够促进员工发挥干劲、主动性和创造性的环境，使员工获得了为共同的目标而努力的广泛自由

续表

原则与方法	实施细则
激励与约束	建立激励与约束机制是培育核心价值观的关键。恩科音响赋予产品的价值观：悦生活，乐分享，以博大胸襟和乐观精神引领发展，以诚信打造成功。这种价值观激励着他们以更小的体积、更大的功率和更好的音效，为广大用户提供更优越的音乐体验，提供高品质的音频产品和高品位的生活享受，体现了企业文化的魅力

综上所述，在知识经济时代，企业文化建设已显示出其作为一种"知识资本"所产生的文化力与生产力，已成为企业核心竞争力的重要因素，是最具活力、最具稳定性、最具个性化、最具渗透力、最不易被竞争者模仿的因素。而核心价值观的培育是这场管理革命的胜负手，只有当核心价值观与企业发展战略相适应，并建立一套充分体现这种核心价值观的理念，且能够得到每个员工有效执行时，核心价值观才能真正融入员工的思想深处，企业才能形成真正凝聚人心的力量，才能打造一支战无不胜的团队。

厘清企业理念——企业文化建设的灵魂

企业理念是企业在持续经营和长期发展过程中，继承企业优良传统，适应时代要求，由企业家积极倡导，全体员工自觉实践，从而形成的代表企业信念、激发企业活力、推动企业生产经营的团体精神和行为规范。企业理念是企业文化建设的灵魂。

企业理念的发展和形成，是沿着精神文化型、组织制度型，新的精神文化型、新的组织制度型这样一条轨迹来运行的。下面，我们先来看看大北农集团和伟嘉集团的企业理念是如何运行的，这对于我们理解和厘清企业理念很有意义。

【案例】大北农集团：报国兴农、争创第一、共同发展

大北农集团是北京大北农科技集团股份有限公司的简称，它是以邵根伙博士为代表的青年农学知识分子于1993年创办的农业高科技企业。20多年来，大北农集团始终秉承"报国兴农、争创第一、共同发展"的企业理念，致力于以科技创新推动中国现代农业发展。

正是在"报国兴农、争创第一、共同发展"的企业理念指导下，大北农集团已发展成为涵盖饲料、动保、疫苗、种猪、生物饲料、种业、植保等产业的农业知识企业集团，拥有2.5万余名员工、1500多人的核心研发团队、100多家生产基地和160多家分、子公司，在全国建立了500多个县级服务站、1万多个村镇级基层科技推广服务网点。自2010年在深圳证券交易所挂牌上市以来，集团实现了飞速发展，成为中国农牧行业上市公司中市值最高的农业高科技企业。

同时，集团拥有3家农业产业化国家重点龙头企业、12家国家级高新技术企业，是国家认定企业技术中心、国家创新型企业，是中国饲料工业协会副会长单位、中国畜牧业协会副会长单位、中国兽药协会副会长单位、中国种业协会副会长单位、中国农业技术推广协会副会长单位、中关村农业生物技术产业联盟理事长单位、中关村经济二十强企业等。拥有饲用微生物工程国家重点实验室和作物生物育种国家地方联合工程实验室，建有中关村海淀园博士后工作站分站和北京市首家民营企业院士专家工作站，与国内外近百家科研院所建立了长期合作。

进入21世纪以来，中国农业面临全球化、信息化、产业化和生物技术革命的挑战。大北农始终坚信农业是最富潜力、最值得奋斗的行业，积极融入时代潮流、融入全球竞争和国家崛起的大环境，紧紧抓住和利用新一轮科技革命和产业革命的机遇，坚定不移地实施创新驱动，勇于肩负使命，创建世

界级农业科技企业。

大北农始终认为，人是大北农发展的唯一资源，而企业文化作为大北农的经营哲学和成功学，更是被作为企业管理的第一要素来抓。大北农集团的企业理念"报国兴农、争创第一、共同发展"具有深厚的文化内涵。其中，"报国兴农"是全体大北农人义不容辞的历史使命，农业报国无怨无悔；"争创第一"是每一名大北农员工的工作状态、工作方法和工作目标，也是大北农集团的战略目标和经营目标；"共同发展"是大北农实现报国兴农、争创第一的方法和途径，是指企业和员工、投资者、事业伙伴、专家、同行、社会、国家一起发展。

20多年来，大北农集团通过全员无条件践行企业文化形成了由全体大北农人组成的坚不可摧的大北农使命共同体，通过充分信任、充分授权、自主创业的事业平台形成了由全体大北农员工和事业伙伴共同组成的大北农事业、财富共同体，通过资智股份化、员工股权激励形成了大北农利益共同体，这也是大北农事业飞速发展的"三大法宝"。

【案例】伟嘉集团：创伟嘉品牌，圆百年梦想

伟嘉集团创建于1994年，是一家以保健型预混料和生物兽药为核心业务，集生物饲料、生物兽药、微生态制剂、健康养殖服务、高端品牌鸡蛋、移动电子商务于一体，专注农牧业科技产品制造及畜禽健康养殖全服务链经营的农牧业高科技企业集团。"创伟嘉品牌，圆百年梦想"是伟嘉集团的企业理念。

伟嘉集团是中关村首批"十百千"工程重点培育企业、国家认定企业技术中心、国家博士后科研工作站、国家科技进步二等奖获奖企业，系中国畜牧业协会副会长单位、中国兽药协会副会长单位。伟嘉是中国农牧行业仅有的几家进行养殖业全服务链经营的大型民营企业，被评为"中国十大行业隐

形冠军企业"。

在廖峰董事长的引领下，恪守志在兴农的伟大理想，伟嘉集团以健康养殖全服务链平台为依托，目前在保持"中国保健型蛋鸡预混料第一品牌"和"中国预防兽药制剂第一品牌"的基础上，致力于打造"中国保健预混料第一品牌"、"中国生物兽药第一品牌"、"全球畜禽健康养殖服务及交易第一平台"三大宏伟事业发展平台，并推进集团上市，争创"中国农业生物技术第一股"。

"全球畜禽健康养殖服务及交易第一平台——中关村畜禽养殖服务谷"是伟嘉集团正在打造的全球畜禽健康养殖服务产业高地，包括产业制造高地、科研高地、服务与信息高地、交易高地、电商高地五大平台。目前，伟嘉集团正在全力攀登全球畜禽健康养殖服务产业的最高峰。

梦想伟嘉，启航百年。2014年，是伟嘉集团启动"大伟嘉人财富倍增计划"和打造"全球畜禽健康养殖服务及交易第一平台"的开局之年。2014年，也是伟嘉创业的20周年。2014年初，为了实现集团的商业模式升级，伟嘉集团同步进行了企业文化特别是企业理念的升级。伟嘉集团原来的企业理念是"创伟嘉百年品牌，圆农牧世纪梦想"，这个企业理念是在世纪之交的20世纪末提出来的，带有强烈的时代印迹和行业烙印。升级后的伟嘉企业理念优化为"创伟嘉品牌，圆百年梦想"，还对企业理念的内涵进行了量化。

"创伟嘉品牌，圆百年梦想"。"创伟嘉品牌"指的是"三创"，即创"中国保健预混料第一品牌"、"中国生物兽药第一品牌"、"全球畜禽健康养殖服务及交易第一平台"；"圆百年梦想"指的是"三圆"，即从宏观上圆伟嘉员工和大伟嘉事业伙伴的"中国梦、伟嘉梦、我的梦"，从微观上圆伟嘉员工和大伟嘉事业伙伴的"家人财富倍增梦、家庭事业成功梦、家族基业长青梦"。

大伟嘉，大平台，大事业，大发展。而今，"创伟嘉品牌，圆百年梦想"已成为每一个伟嘉人心中的最强音，伟嘉正在中国农牧行业创造新的奇迹，并实现大伟嘉事业志在兴农的伟大梦想。

大北农集团和伟嘉集团的企业理念，为我们厘清企业理念提供了依据，由此我们可以总结出厘清企业理念需要了解的相关内容，即企业理念的定位，企业理念开发的原则、流程、依据及实施原则。如图3-1所示。

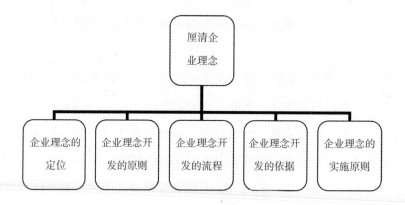

图3-1 企业理念相关内容

企业理念的定位如表3-2所示。

表3-2 企业理念的定位

理念定位	实施细则
目标导向型	采用这种定位模式，企业将其理念规定或描述为企业在经营过程中所要达到的目标和精神境界。如大北农集团以"报国兴农、争创第一、共同发展"为企业理念和目标，致力于以科技创新推动我国现代农业发展
团结凝聚型	采用这种模式的企业将团结奋斗作为企业理念的内涵，以特定的语言表达团结凝聚的经营作风。伟嘉集团的"创伟嘉品牌，圆百年梦想"即属此种类型
开拓创新型	采用此种模式定位，企业以拼搏、开拓、创新的团体精神和群体意识来规定和描述企业理念。如大地股份是以饲料、养殖、食品等产业为主体的农业高科技上市公司

续表

理念定位	实施细则
产品质量型	采用此类定位模式，企业一般用质量第一、注重质量、注重创名牌等含义来规定或描述企业理念。如伟嘉集团下属企业沈阳伟嘉牧业技术有限公司推广的兽药新产品"伟嘉康宝"显示了巨大的发展前景
技术开发型	这种类型的企业以尖端技术的开发意识来代表企业精神，着眼于企业开发新技术的观念。如伟嘉集团的大平台技术开发包括产业制造高地、科研高地、服务与信息高地、交易高地、电商高地五大平台
市场营销型	这种类型的企业强调自己所服务的对象，即顾客的需求，以顾客需求的满足作为企业的经营理念。如伟嘉集团集生物饲料、生物兽药、微生态制剂、健康养殖服务、高端品牌鸡蛋、移动电子商务于一体，专注农牧业科技产品制造及畜禽健康养殖全服务链经营
优质服务型	这类企业突出为顾客、为社会提供优质服务的意识，以"顾客至上"作为其经营理念的基本含义。如伟嘉集团于2014年打造"全球畜禽健康养殖服务及交易第一平台"，为志在兴农创造服务机会

企业理念开发的依据如表 3-3 所示。

表 3-3　企业理念开发依据

开发依据	内容
时代发展	理念开发不能脱离企业所处的时代。时代在不断变迁，不同时代具有不同的特征。大北农集团和伟嘉集团的企业理念开发都体现了时代发展的需要
民族特征	企业应着眼于中国各民族的传统文化、民众心理、宗教信仰来制定与本民族传统相吻合的企业理念，以使企业的经营思想能迅速根植于人心
行业特点	企业理念的开发要立足于企业所处的行业，针对行业技术状况、市场状况、产品特征、人员素质、消费者的偏好等来设计自己的理念。大北农集团和伟嘉集团的企业理念在注重本行业的特点的同时，积极进行业务拓展，从而丰富了企业理念的内涵
业者偏好	业者偏好是理念开发最直接的依据，它再现了企业领导者的个性特征和对企业特色的理解或希望，是领导者对企业在市场中的定位，表现为企业从上到下在经营活动中的一贯性总体倾向

企业理念开发的原则如表 3-4 所示。

表 3-4 企业理念开发原则

开发原则	含义
个性化原则	个性化原则是指企业所设计的理念必须使自己能在同业中拥有特色
社会化原则	理念的开发与设计必须同公众和消费者的价值观、道德观和审美观等因素相吻合，以得到社会公众的认同，获取较高的知名度和美誉度
简洁性原则	企业理念是企业价值观的高度概括，其字面必须简明，内涵必须丰富，并易于记忆和理解。简洁、清晰、新颖的企业理念将更深入人心
人本原则	科学的企业理念及其有效的实施，将会使所有的企业员工得到尊重和信任，使企业形成一种良好的氛围和环境。大北农集团之所以拥有 30 名博士、151 名硕士、5 名享受国家级政府津贴的高级专家组成的研发队伍，2.5 万余名员工，没有人本管理是不可想象的
市场原则	对于企业来说，理念是指导其经营活动的工具，而企业活动既是满足顾客需求的过程，也是与同业者进行竞争的过程。因而，企业理念必须体现顾客需求和竞争的要求

企业理念开发的流程如表 3-5 所示。

表 3-5 企业理念开发流程

开发流程	实施细则
形成调研报告	在提出开发理念后必须形成调研报告并讨论、修订，以发现理念定位的方向和目标，这有助于解决企业所面临的形象问题，避免企业理念规定的随意性和单纯的联想
激发理念创意	创意来源包括企业管理者、企业专业人员、企业普通员工、企业外部专家、社会公众
比较筛选创意	对各种创意进行筛选，选择科学有效的企业理念

续表

开发流程	实施细则
构筑理念独特内涵	对已定为企业理念的创意，要给予丰富的独特内涵，以便在以后的理念传递和理念实施过程中有案可查，有据可依。丰富理念内涵首先要从字面上给予科学合理的解释，在此基础上，可通过联想与比喻，使其内涵延伸，以便与树立理念的真正目的相吻合
进一步细化量化	建立在上述内涵基础上的企业理念，必须具有极强的导向、渗透、凝聚、激励、辐射、识别功能，以使其成为能与其他企业相区别而又易于识别的内容。因此，要针对理念的要求，明确企业的发展战略、管理者的职责和员工的行为准则等

企业理念的实施原则如表 3 - 6 所示。

表 3 - 6　企业理念实施原则

实施原则	实施细则
传递与接受	理念的传递是理念实施的第一步。要使企业理念内化为员工的信念和自觉行为，必须首先让员工理解企业的理念是什么。理念传递的方法从总体上来讲就是反复法，即通过多角度、多层次、多途径、反复多次的传递，以使企业的理念深入人心
解释与理解	在现实中，可以采取测验法、游戏法、讨论法、培训法等多种形式，使企业理念真正能深入人心。日本松下的管理学院、麦当劳的汉包大学，都是解释理念、学习理念、理解理念和掌握理念的有利时机和场合
教化与接受	理念的教化即是将理念的传播作为一种制度固定下来，以实现企业理念的渗透、共有、分享和接受
理念的应用	理念的应用实际是员工在彻底地领会和接受企业理念的基础上，将其贯彻于日常的工作之中，用其指导行为，将之付诸实施

总之，成功企业为我们厘清企业理念开发的"依据、原则、程序、定位及实施原则"这五个方面的内容提供了现实依据，而这五个方面的内容恰恰构成了企业理念体系。准确把握和理解它们之间的层次、差异与逻辑关系，可以更好地帮助企业思考和构建自己的理念体系。

确立企业精神——发挥企业
文化凝心聚力作用

企业精神，是指企业员工所具有的共同内心态度、思想境界和理想追求，它是企业文化的基石。确立企业精神，可以激发企业员工的积极性，增强企业的活力，发挥企业文化凝心聚力的作用。其基本内容又大致包括企业使命、企业愿景、企业宗旨、企业核心价值观、企业经营理念、企业管理理念、企业伦理、企业道德、企业哲学等，此外，企业作风和企业行为准则等也可以作为精神文化的内容。它属于意识形态的范畴，是企业行为文化和物质文化的升华，是企业价值观的核心。

每个企业都有其独具特色的企业精神，它往往以简洁而富有哲理的语言形式加以概括，通常通过厂歌、厂训、厂规、厂徽等形式形象地表达出来。在这方面，麦当劳就是一个典型的例子。

【案例】麦当劳的"S. Q. C."精神

"S. Q. C"精神是麦当劳快餐店在激烈的市场竞争中立于不败之地的立足之木。目前，其分支机构已扩展到30多个国家和地区，拥有8400多家分号。

作为当今世界上最大的快餐店连锁集团，麦当劳公司的成功，很大程度上得益于独特的企业形象战略。麦当劳公司的服务理念是"快速敏捷、热情周到"，品质理念是"向顾客提供高品质的产品"，卫生理念是"店堂清洁卫生，环境宜人"。

麦当劳快餐店从一开始就把为顾客提供周到、便捷的服务放在首位。所有的食物都事先盛放在纸盒或杯里，顾客只需排一次队，就能取得他们所需要的食品。为了适应高速公路上行车人的需要，麦当劳快餐店在高速公路两旁开设了许多分店，在距离店面10来米远的地方，都装上通话器，上面标志着醒目的食品名称和价格，当人们驱车经过时，只要打开车门，向通话器报上所需食品，车开到店侧小窗口，便可以一手拿货，一手交钱，马上又驱车上路。

麦当劳在为顾客提供快速服务的同时，十分重视食品的质量，不断改进菜谱、佐料，努力迎合不同年龄、性别、层次、地区消费者的不同口味。为了吸引顾客，麦当劳快餐店清理、纠正场地，以努力改变公众那种"廉价餐厅不清洁"的偏见。麦当劳公司制定了一整套严格的工作规范和产品质量标准，麦当劳公司的创始人克罗克认为，快餐连锁店只有标准统一，而且持之以恒地坚持标准才能保证成功。因此，在第一家麦当劳餐厅诞生的第三年，麦当劳公司就编写出了第一部麦当劳营运训练手册，经过30多年的不断丰富和完善，该手册现已成为指导麦当劳系统运转的"圣经"。

麦当劳的卫生理念是"店堂清洁卫生，环境宜人"。为此，麦当劳制定了相关的制度，如餐厅卫生管理制度、食品原料采购索证制度、库房管理制度、食品从业人员健康检查制度、食品卫生综合检查制度，以及相关的考核制度等。以餐厅卫生管理制度为例："①点菜厅、包间要保持整洁，餐具摆台后或顾客就餐时不得清扫地面。餐具摆台超过当次就餐时间尚未使用的要回收保洁。②发现或被顾客告知所提供的食品确有感官性状异常或变质时，餐厅服务人员应当立即撤换该食品，并同时告知有关备餐人员，备餐人员要立即检查被撤换的食品和同类食品，做出相应处理，确保供餐安全、卫生。③销售直接入口食品要使用专用工具。专用工具要消毒后使用，定位存放。要做到货款分开，防止污染。④供顾客自取得调味品要符合相应食品卫生标准和要求。⑤必须使用消毒后的餐饮具，未经消毒的餐饮具不得摆台上桌。⑥及时做好台面调料、牙签、餐巾、茶水等清洁消毒工作。⑦端菜时手指不接触食品，分餐工具不接触顾客餐具，递小毛巾用夹具，用后及时收回清洗消毒，用过的餐饮具及时撤回，并揩净台面。⑧工作结束后，做好台面、桌椅及地面的清扫工作，保持整洁卫生。"

麦当劳的企业精神，是企业在长期的生产经营实践中自觉形成的。经过全体职工认同信守的理想目标、价值追求、意志品质和行动准则，是麦当劳经营方针、经营思想、经营作风、精神风貌的概括反映。麦当劳多年来所坚持的"服务"、"优质"、"清洁"的精神，对任何一个企业来说，应该都是具有借鉴意义的。

企业精神，若是合乎科学，合乎实际，它也会具备战斗力。那么，企业如何根据自己的情况确立企业精神，发挥企业文化凝心聚力作用呢？企业精神和企业价值观同属企业文化的核心要素，因此，在规范组织行为和企业文化建设中，我们往往要对企业精神做精心"提炼"，并以标语或口号等形式呈现在企业最显著的位置以向全体员工昭示，使它成为指导企业发展、整合员工作风的思想利器。提炼具有持久生命力的企业精神，应当从以下几个角度考虑。如表 3 -7 所示。

表 3 -7 提炼企业精神的方法

提炼方法	实施细则
紧扣企业实际	紧扣实际包括对企业的发展历史、现实状况、技术水平、规模大小做充分的评估。麦当劳在卫生方面制定了相关的制度，其中的"餐厅卫生管理制度"尤其详细，具体到点菜厅、包间、餐具、专用工具、调味品及牙签、餐巾、茶水等的清洁消毒工作，密切结合了餐饮企业的实际情况。这种通过提炼制定的具象化的制度，使企业文化变得可触可摸、可感可知
符合企业发展方向	企业的发展战略、产业特色、行业定位等都要在充分的考量之中。麦当劳快餐店的服务理念"快速敏捷、热情周到"、品质理念"向顾客提供高品质的产品"、卫生理念"店堂清洁卫生，环境宜人"，都是符合企业发展方向的创举

提炼方法	实施细则
易于理解和接受	企业精神归根结底是为员工设计的，如果员工不理解、不接受，即便是背得再熟、喊得再响，企业精神也永远只是一句挂在墙上的标语。快餐连锁店只有标准统一，而且持之以恒地坚持标准才能保证成功，为此，在第一家麦当劳餐厅诞生的第三年，麦当劳公司就编写出了第一部麦当劳营运训练手册，经过30多年来的不断丰富和完善，该手册现已成为指导麦当劳系统运转的"圣经"
言简意赅、朗朗上口	要使企业精神容易记忆、便于推行、易于传颂，以便从对内和对外两个角度来提升企业的形象与价值。公司战略所提出来的"口号"，它应当内化到公司每位员工的心里。麦当劳的"S. Q. C."（服务、优质、清洁）所体现的企业精神就是最好的例证

总之，企业精神不是自发形成的、僵化不变的，它被人们所雕塑，被形势所构筑。只有随着时代的变化不断完善，这样的企业精神才有生命力，才能真正发挥出企业文化凝心聚力的作用。

确定企业目标——以企业发展为目标，打造特色企业文化

企业文化是企业员工在经济活动中共同具有的理想信念、价值观念和行为准则，它是外显于企业风貌，内显于员工心灵的以价值观为核心的一种意识形态，是企业个性化的根本体现，是企业生存、竞争、发展的灵魂。强生公司以"每一件产品都要经得起100%的考验"为目标、大地股份以"让员工和大客户实现'六个共享'"为目标，都是构建特色企业文化之举，从而促进了企业的健康发展。

【案例】 强生公司：每一件产品都要经得起100%的考验

拥有逾百年历史的美国强生公司是世界上最具综合性、业务分布范围最广泛的健康护理产品制造和服务企业，连续多年名列美国《财富》杂志"全球最受尊敬的公司"排行榜前列。强生公司一直注重在中国的发展，强生（中国）有限公司1992年1月在上海闵行经济技术开发区注册成立，是强生公司在中国设立的首家独资企业，致力于生产和推广高品质的适合各年龄段人群的个人卫生护理用品，推动中国家庭健康护理水平的提高。强生公司的网址上登出了"每一件产品都要经得起100%的考验"的标语，并在公司驻52个国家的办事机构内张贴着。这是强生公司多年来坚定不移的目标，并以此为目标打造特色企业文化。

强生在为公司的高层管理人员举办的年度培训期间专门抽出一整天的时间来讲述公司的这一目标；每隔两年，公司的9.5万名员工还要完成一份内容广泛的调查问卷，让他们评论一下在工作中遇到的困难、对上司的看法及对公司信念的理解。强生公司的目标不只是存在于领导人的头脑中，也不只是在高层管理人员之间传播，而是贯彻于整个公司所有人的意识里，并努力执行。

在加强公司内部管理的同时，强生还积极开拓市场，它总是能够在适当的时间、适当的地点向适当的顾客出售适当的产品。同时公司还增加了海外产品的产量，在生产国就地取材，它的品牌——全球品牌网，已被当地消费者看作本地产品。

在强生（中国）有限公司，公司形象一直受到严密监督和保护，只有那些质量绝对过硬且市场预期看好的产品才配用"强生"的商标，其中包括闻名全球的"强生婴儿沐浴露"，当然，这一切还必须征得公司的总裁拉尔夫·拉森的同意才行。拉森先生说："因为这个标志属于那些能激发人们爱心、唤起人们美好感受的产品，我们最不愿意看到的就是顾客对公司形象产生哪怕只是一丁点儿的困惑。'强生'是一种信用的象征，而并非纯粹的商业标志。公司的声誉有可能在瞬间被毁掉。所以我们必须十分谨慎小心。员工们无论做什么，只要损害了顾客对我们的信任，那他将不得不被我们辞退。"

正因为把顾客放在了首位，这么多年来，强生公司一直在努力开发新产品以满足新时期人们的新需求，而广大的消费者对公司的这种不断努力进取的行为也是有口皆碑的。可靠的信用和高质量的产品，是支撑强生这个拥有逾百年历史的大公司迈向"全球最受尊敬的公司"宝座的重要因素。

公益事业和志愿者活动也是强生公司文化的核心之一，并赢得了社会的广泛赞誉。从 1999 年开始，强生开始在中国推广"儿童安全"系列活动。该项目旨在教育家长和儿童，了解生活中潜在的危险，以避免儿童意外伤害的发生。强生还推出"强生家庭健康关爱计划"，此计划是强生公司的一项致力于提升中国家庭健康水平，提高中国家庭生活品质的健康教育项目。

【案例】大地股份：让员工和大客户实现"六个共享"

大地股份指的是北京九州大地生物技术集团股份有限公司，它是一家农业科技型上市公司，始创于 1995 年。公司在北京、河北、内蒙古、黑龙江、陕西等省（市、自治区）拥有 10 多家控股子公司，集团的主要产品是各种畜、禽、水产、反刍动物预混料、蛋白浓缩料、配合饲料，品种繁多，技术指标领先。

大地股份创业之初的企业理念是"根植大地，共享成长"，企业文化相当于定位为"共享"文化。2013 年，集团进行了企业文化的全面升级，提出了"六个共享"的企业理念。大地股份奉行的是与员工和战略合作伙伴进行"六个共享"的企业理念，即"共享成长、共享成果、共享品牌、共享模式、共享财富、共享成功"。

大地股份董事长马红刚先生在第四届大地牧业峰会上说:"大地和众多的战略合作伙伴,在未联合的时候,都是一艘艘坚固的战舰,但也只是一艘艘战舰,各有方向,各有取舍,但如果联合起来,目标一致,紧密合作,那将形成航空母舰的实力和气势。所以说,大地给了一个平台,但是需要我们用战略的眼光达成共识,大家目标一致,向着一个方向合力前进,最终我们能取得的成功真的是不可估量的。"

大地股份在倡导企业文化的时候,深谙联合才能共赢的道理,觉得只有把利益互相捆绑得更密切,建立利益共同体,才能让大地事业真正成为大家的事业。大地在创业初始,就已经明确了帮客户创造效益、让个人体现价值、使公司得到发展、为社会积累财富的企业价值观。而且这么多年,大地也一直践行着自己的价值观。

大地股份在 2013 年启动了"草原和牛"投资项目,随后全力打造的高端牛业"硅谷",也是大地打造中国反刍饲料第一品牌、中国安全、放心牛肉第一品牌的全产业链支点。在这个基础上,大地 2014 年全面启动了奶牛、肉牛联合体项目。作为健康、安全、美味的牛肉、羊肉、牛奶、猪肉供应商,大地股份将链接 3000 个家庭牧场、1000 个连锁专卖店,将为战略合作伙伴的财富倍增提供源源不断的动力。用马红刚的话说,就是"与战略合作伙伴一起实现我们的大地梦"。

强生公司"每一件产品都要经得起100%的考验"和大地股份"六个共享"的实践,为现在的许多企业构建具有自身特色的企业文化指明了方向。要想在激烈的市场竞争中取胜,就应该打造特色企业文化,内强质量、外树品牌,为实现企业战略目标提供不竭的智力支持和精神动力。打造企业文化的措施如表 3-8 所示。

表3-8 构建企业文化的措施

措施	实施细则
整体规划，营造氛围	企业文化要达到内化于心、外化于形的目的，必须用有形的管理制度加以整合规划，形成员工共同遵守和执行的行为准则。比如强生公司制定企业文化信条时，从未认为信条完美无缺，以后强生公司又将其加以制度化。然而，对于强生公司大家庭的全体人员而言，信条的原则已经成为永恒追求的目标和精神感召的源泉
品牌管理，建立标识	丰富品牌内涵，加强内部传播，以凝聚队伍，激励士气，营造和谐氛围；加强企业文化外部传播，提高企业的知名度和美誉度。比如强生公司只允许质量绝对过硬且市场预期看好的产品配用"强生"的商标，以加强品牌管理，其中包括闻名全球的"强生婴儿沐浴露"
理念渗透，凝心聚力	企业理念是企业文化的精髓，也是实施精细化管理的灵魂。通过细化，可以进一步增强员工对企业的荣誉感、认同感和自豪感。比如强生公司的理念不只是存在于领导人的头脑中，也不只是在高层管理人员之间传播，而是贯彻于整个公司所有人的意识里，并努力执行
抓住关键，突出特色	抓好理念提炼，以突出企业文化特色。比如大地股份提炼出"滋育生命、厚德载物"的大地精神、"根植大地、共享成长"的大地理念，与中国经济一起飞速发展，为成为世界一流的中国农牧企业而奋斗
塑造形象，赢得赞誉	一个良好的企业环境对内可以凝聚人心，对外能够塑造美好形象，增强企业知名度和美誉度。比如强生公司的"儿童安全"系列活动、"强生家庭健康关爱计划"等，是强生企业文化的核心之一，赢得了社会的广泛赞誉
强化学习，协调推进	学习型企业构建是提升企业文化建设的必要条件，两者相辅相成、互相促进。比如强生在年度培训期间讲述公司的目标；让员工完成内容广泛的调查问卷，评论工作中遇到的困难及对上司的看法和对公司信念的理解

总之，加强企业文化建设，是培育和提高企业核心竞争力的重要途径，是提高全员素质的有效形式，企业拥有了文化优势，就会拥有竞争优势、效益优势和发展优势，就会立于不败之地。

第四章　企业文化与企业家精神

企业家在企业文化建设中具有主导作用，这是由企业家在企业中的特殊地位所决定的。在企业文化建设中，企业家既是制定政策与方法的决策者，又是以自己良好的品德才能、感情投资、领导形象引导职工行为的典范。从一定意义上说，有什么样的企业家就有什么样的企业文化。

倡导者——企业家要做企业文化的倡导者

企业文化是企业历史的积淀，是企业行为的凝结，是企业精神的提炼，它的形成要经过一个较长的对企业历史文化进行总结和提炼的过程。企业从无到有，从小到大，在波折中前进的历史，对企业来说是不能更改的。在总结企业发展历史，建设企业文化的实践中，企业家扮演着非常重要的角色。

许多企业家为了实现企业的目标，总结企业文化，倡导企业文化，使企业得到不断发展。三一集团总裁梁稳根通过倡导企业文化，创造了一个神话般的企业。

【案例】三一集团：总裁梁稳根与企业文化

1986年3月，现任三一集团总裁梁稳根和3名志同道合的伙伴，在湘中涟源市茅塘乡道童村租用不到500平方米的闲置公房，创办了三一集团的前身——茅塘焊接材料厂。后来发展成为中国最大、全球第五的工程机械制造商。其主导产品为混凝土机械、筑路机械、挖掘机械、桩工机械、起重机械、港口机械、风电设备等全系列产品。

梁稳根所倡导的三一集团的企业文化丰沛卓然：三一使命是"品质改变世界"；三一愿景是"创建一流企业，造就一流人才，做出一流贡献"；三一企业精神是"自强不息，产业报国"；三一核心价值观是"先做人，后做事"；三一作风是"疾慢如仇、追求卓越"；三一经营理念是"一切为了客户，一切源于创新"；三一信条是"人类因梦想而伟大、金钱只有诱惑力、事业才有凝聚力"。这寥寥数语，生动描绘出梁稳根作为企业家倡导企业文化的自觉意识，反映了他的高尚人格。

梁稳根说："一个人离开一家企业，可以带走规章制度和办法措施，但带不走企业文化，如同北京大学的'民主'、'进步'，从来不会因为人的进进出出而改变。"多少年来，三一一直在营造这样一种生生不息的企业文化。

三一是先有文化后办厂的，要了解三一的企业文化，不妨从三一的名称入手。何谓"三一"？有人说"三个加一个呗，因为他们创业时有四个人"，这是玩笑。三一真正的含义是三个"一流"，即"创建一流企业、造就一流人才、做出一流贡献"。这是梁稳根在三一尚未成立的时候就已酝酿成熟的企业理想，也是三一这些年快速发展的动力之源。

创业之初还在茅棚里搞生产时，梁稳根就跟同伴们说，这里要成为全国第一。话语传出，社会上一些人觉得极为可笑。1986年9月，当梁稳根和他的伙伴得到第一桶金时，他们当中的一人高兴得将小方桌上的第一笔8000元回笼货款抛向空中，并喊着："打过长江去！"

梁稳根似乎可笑的话语早已变成现实，他们不仅打过了长江，而且打出了国门，打进了欧美发达国家。公司生产的焊接材料、超硬材料、建设工程机械和立体停车设备四大类产品中，有多项产品的产销量居全国第一，2000多名员工中有博士后、博士和高级工程师近 200 名，拥有 7 亿多元固定资产，年销售额已达 15 亿元。三个"一流"的企业理想在梁稳根、向文波、唐修国、易晓刚等一批创业者艰辛跋涉的脚步下，逐渐由虚幻的文化变成清晰的现实。

梁稳根说："小企业做事，大企业做人；小企业靠权力管人，大企业用文化管人。"三一重视用企业文化这种道德的力量去规范员工的意识和行为，甚至把造人置于造产品之前，为之付出长期的努力。

"先做人后做事；疾慢如仇；追求卓越；简洁自信，创新合作；一切为了用户"，这是三一基本的文化理念。如果把三一员工比作一江水，那三一的企业文化理念就恰似两岸的河堤，它规范着员工朝着讲人格、守信用、求效率、重质量的方向发展。

梁稳根从多方面强化具有三一特色的企业文化。他支持员工精心设计，努力使公司的建筑环境、产品甚至一草一木都能传递企业文化的信息，为此他还专门请来中国企业文化研究会秘书长等专家为公司整合企业文化。他努力将企业文化渗透到各项规章制度中。如"疾慢如仇"是公司的企业文化，于是他要求有关部门在订立公司制度时不能仅仅为防止可能出现的小漏洞，而将程序设计得过于复杂，降低办事效率。员工守则也就有了"遇紧急情况，要迅速、果断地处理，允许先处理后汇报，只要出发点是对的，即使处理不妥，也是可以的"。可见他重视用文化来规范企业和员工的行为。

此外，员工进入公司必须经过为期一周的企业文化教育，经考试合格才能上岗。梁稳根还依据企业文化制定了 100 多条员工行为规范，对每个岗位按五星级酒店的模式管理。他还充分利用企业歌曲、标语、口号、英雄人物等营造高尚的精神文化。梁稳根倡导的唱歌文化，规定除司歌外，《国歌》和《歌唱祖国》是必唱歌曲，组织了五支分别有60名团员的合唱团，每天下班后整个厂区歌声嘹亮、催人奋进。

一位哲人说过："哲学是一个人成功的上限。"这里的"哲学"指的是"精神境界"。其实，不仅个人的成功取决于其境界的高下，一个企业能升多高、能迈多远，最终也取决于其境界的高低。企业做大了，财富变多了，梁稳根作为三一集团的创业者，为社会做一流贡献和产业报国的理想却始终没变。"品质改变世界"这一三一使命就是证明。

企业家有境界则企业有境界，因为人是善于模仿的。企业领导崇高的思想境界和人格魅力，吸引着各路英才投奔三一、扎根三一，推动三一跨越式发展。这么多年来，梁稳根有什么样的发展思路，三一人就能把他的思路变为现实，从而使三一走得十分团结、稳健。

事实说明，企业文化总是反映了某个企业老板特定的价值观念和领导风格。对于老板如何扮演好企业文化倡导者这一角色，可以采取如表4-1所示的措施。

表4-1　老板倡导企业文化的措施

措施	实施细则
提炼出企业核心价值观	企业家必须善于根据企业的发展要求，从实践中提炼出企业的核心价值观。价值观不仅要具有时代的特色、行业的特色，更要带有企业的特色和企业家的个性，因而它只能从企业自己的实践，从企业家自己的实践中提炼出来。三一集团的企业愿景"创建一流企业，造就一流人才，做出一流贡献"，是梁稳根在三一尚未成立时就已酝酿成熟的企业理想，也是三一这些年快速发展的动力之源

续表

措施	实施细则
身体力行，忠实严守企业价值观	企业家的模范行动是一种无声的号召，对下属成员起着重要的示范作用。因此，企业家本身就应是这种价值观的化身。梁稳根支持员工精心设计，努力使公司的建筑环境、产品甚至一草一木都能传递企业文化的信息，为此他还专门请来中国企业文化研究会秘书长等专家为公司整合企业文化。他努力将企业文化渗透到各项规章制度中，可见他重视用文化来规范企业和员工的行为。他还充分利用企业的歌曲、标语、口号、英雄人物等营造高尚的精神文化。他倡导的唱歌文化，规定除司歌外，《国歌》和《歌唱祖国》是必唱歌曲，组织了五支分别有60名团员的合唱团，每天下班后整个厂区歌声嘹亮、催人奋进
扬弃旧文化，发展新文化	企业文化并不是一成不变的，而应随着内外环境的变化不断发展和完善。因此，企业家要敢于扬弃旧文化，发展新文化。梁稳根说："一个人离开一家企业，可以带走规章制度和办法措施，但带不走企业文化，如同北京大学的'民主'、'进步'，从来不会因为人的进进出出而改变。"多少年来，三一集团一直在营造这样一种生生不息的企业文化

在哈佛大学编写的《三一案例》中，用了很大篇幅介绍三一从中国走向全球的发展历程。《哈佛案例》在全球知名度极高，很多美国、欧洲大学都会向哈佛购买案例用以研究与学习，其案例的选择标准极严，可谓千里挑一、万里挑一。三一能成功入选《哈佛案例》，足以证明其企业文化在全球的影响力深远。而梁稳根积极倡导企业文化更是功不可没。

变革者——企业家要做企业文化变革的领导者

企业家是企业文化的塑造者，他们肩负塑造企业文化的重担。尤其是企业在进行战略转型时，企业家必须具有文化自觉意识，积极引导企业进行文化变革，从本企业的特点出发，以自己的经营哲学、理想、价值观、伦理观和风格融合成企业的宗旨、企业价值观，并身体力行，推进企业文化建设。

企业文化变革就是要从改变企业的思维模式出发并进而使企业的行为模式得以改变。具体的策略和步骤，不同的企业有所不同，但殊途同归，企业文化的变革就是变革企业的思维模式和行为模式。在这方面，通用电气公司（GE）和戴尔公司的做法值得借鉴。

【案例】 通用电气公司的文化变革之路

1981 年 4 月，45 岁的杰克·韦尔奇正式成为通用电气公司（简称"GE"）总裁以后开始向每个听他说话的人喊"失火了"，意在严厉抨击 GE 存在的问题：官僚制度所造成的浪费、不实报告、逃避困难的决策等。他警告大家，任何高级管理人员如果不能维持第一或第二，都将会被踢出 GE。韦尔奇的话意思很明白：GE 要革命了，不愿意改变的高层将无法久留 GE 了。一个有着100 多年历史、居当年《财富》500 强前列的 GE 的高管们都是经验丰富、见过不少人事更迭、在变革中工作保障和升迁机会都有可能受到威胁的人，他们大部分人的反应可想而知——不理解、无动于衷甚至抗拒。

完成改革后，为建立 GE 新文化，韦尔奇采取了"两条腿走路"的方法。一方面是强有力地根植新 GE 价值观的沟通攻势；另一方面是百无禁忌的企业整顿。

根植 GE 价值观的攻势主要体现在二个方面：一是克罗顿维尔管理学院的培训；二是各种媒体上的演讲；三是 GE 内部的清白检查。韦尔奇清楚，要改造企业文化，他必须使他的价值观深入人心。于是，他有效地利用每年能提供 1 万名 GE 管理人员进修训练的克罗顿维尔训练中心，阐述 GE 的价值观。他把克罗顿维尔办成了向 GE 管理人员灌输 GE 价值观的圣地，使其像传播福音的修道院，赋予每个在此进修的主管传播 GE 观念到整个 GE 的任务。

韦尔奇亲自年复一年地到克罗顿维尔演讲和聆听，探测整个组织的脉动。他以此为据点，创造了 GE 内部现实、直接、坦率、"解决问题"的双向沟通环境，使克罗顿维尔的训练成为改造 GE 文化的重要基地。

媒体是内外宣传的直接渠道，韦尔奇很会利用媒体。为了表达的一致性和增强演讲效果，他总是自己撰写演讲稿。他的演讲具有强烈的说服力和激励作用。

尽管施加了沉重的利润压力，韦尔奇强调"利润损失胜于抄捷径或是违反规则"。1985 年，韦尔奇利用政府指控 GE 中级主管篡改一项计划的工作时间卡造成政府超额付款的丑闻，推行了他的清白检查——每个人每天面对镜子反省自己，要求每个 GE 人都严格检查自己行为的正直性。从 1985 年起，"严守清白"被纳入了绩效评估中。直到今天，"正直"还一直是 GE 的核心价值观之一。

与强大的沟通攻势相配套，使新的 GE 价值观生根发芽的是百无禁忌的企业整顿。没有强大的沟通攻势，企业文化的变革根本无法进行，因为人们会不理解、会抗拒；没有"真刀真枪"的新的价值观指导下的企业整顿和制度运行，也产生不了新的文化，因为人们不会把新的价值观化为自己的思想和行动。韦尔奇在哈佛大学的一次演讲中说："我们用了两三年的时间发展价值观……我们辛苦地实践每一个价值观……我们正在以这些价值观衡量我们的人，我们正处于转型的过程。"

【案例】戴尔的文化变革之路

戴尔公司是 1984 年时 19 岁的迈克·戴尔成立的，当时的注册资本只有1000 美元，2005 年 2 月，戴尔公司的市值达 1000 亿美元。戴尔公司的成功在于其自身的文化。总裁罗林斯自豪地说："我们成功的秘诀就是我们年复一年地发展我们的 DNA。这样的 DNA 是其他公司模仿不了的。"董事长戴尔也说："文化起着至关重要的作用……我们的做法不同。"

戴尔公司的文化变革始于 2000 年。2000 年以前，戴尔文化中的核心因素是：追求资本的高收益；研发战略兼顾股东利益和顾客利益；在市场竞争中奉行达尔文主义；不接受任何借口的工作评价；坦率、真诚、求实的态度；快速迅捷的决策模式；高付出高回报。

2000 年，市场大滑坡，公司成长连续两年止步不前。于是，戴尔公司做了"向戴尔直抒心意"的员工调查。调查发现公司处境非常不妙——人们开始怀疑自己继续留在戴尔的理由，有 50% 被调查者表示如果公司状况没有改观他们会离开公司另寻他处。根据戴尔公司传统的观点，在戴尔工作就是为了成为"戴尔富翁"，这里有一种思维定式："戴尔能为我做什么"，而不是"我能为戴尔做什么"。这种结果在很大程度上是表面的经济膨胀和丰厚的收入造成的。人们的预期直冲云霄，"致富太容易了"。但是，市场滑坡了，市值降低了，靠不住了。

戴尔公司领导人认识到依靠"付我足够的钱我就留，不付我足够的钱我就走"的员工是建不成伟大的企业的。于是，戴尔公司发起了创造"打得赢文化"的文化改革。改革首先是昭示戴尔公司的灵魂——以顾客为中心、坦率沟通、做优秀的世界公民、赢得开心。这本来就是戴尔一贯的精神，只是以前从来没有昭示过。灵魂的昭示极大地鼓舞了企业员工的干劲。

改革的第二步是发起"领导方式大检查"。公司自上而下所有管理人员都接受属下的评议并根据评议结果改进管理。从大检查中，戴尔和罗林斯了解到员工需要有更多的认同，需要有更多的机会发展。10 年的历史中，他们只重视具体的财务目标的实现而忽略了下属事业的发展。同时，他们还了解到除了向他们报告问题之外，下属还需要与他们有更多的联系。员工毕竟是人，而不是工作机器。从此，公司从上到下开始改进自己的工作。"领导方式大检查"也成了公司的一项评议制度，评议结果与收入挂钩。

改革的第三步是在 2001 年，戴尔把创造"打得赢文化"写进公司的战略目标，与以往的"顾客体验、产品领先、全球化"这三个目标一起成为公司的四大战略目标。四大目标评价方法相同，而且同样成为奖金的依据。

改革的第四步，启动管理人员培训项目，追踪发展潜力好的员工在戴尔公司的工作生涯。培训分为两个层次：一个是全公司10%的上层管理人员的培训，由董事长戴尔或总裁罗林斯亲自授课，每季一次，这种培训是短训；另一个是一般管理人员的培训，是每期为期10天的高强度培训，其中3天由戴尔或罗林斯授课。培训取得了极其好的效果。一方面，凝聚了公司的精英，这些人"属于"总裁，为公司储备了丰富的人才梯队；另一方面，受训人员学到了很多东西——他们说这是他们参加过的最好的培训，同时还因为自己受到重视而更加专注地工作。

戴尔公司的文化变革继承了戴尔传统的优势，弥补了文化的缺陷，使戴尔公司从一个世界著名的财务指标一流、员工工作就是为了钱的公司变成了一个人心所向、员工追求全方位发展的伟大的公司。改革不仅使戴尔避免了危机，还使戴尔的财务指标一路攀升。如今的戴尔已经是"打得赢文化"和良好的财务指标并驾齐驱，互为因果，良性互动的公司。

GE和戴尔公司除了公司的性质相同之外，几乎什么都不相同，但它们都面临了文化变革的需要，而且实际的文化变革也都使它们的文化更加健康，使它们的企业成长更加成功。从这两家公司的文化变革我们窥一斑而见全貌，可以更清楚企业的实质、企业文化的实质、企业中人的实质以及企业文化变革的有效途径。根据我国国有企业的历史和现状，要使我国国有企业的文化变革取得实质性效果，做好以下三个方面非常重要。如表4-2所示。

表4-2 变革国有企业文化的措施

措施	实施细则
清晰领导人身份,确定由谁主导企业文化变革	从理论上说,如果把我国国有企业的文化变革和国外企业的文化变革的实质看成是一样的话,那么,企业文化变革的工作应该是确定谁说了算,由谁来抓。由于情况特殊,能力强,一个人可以身兼数职,但是在具体情况下,这个人需要进行角色的转换。如果做一个试验,让三个很清楚自己职责又都在同一个企业的人即董事长、总经理、党委书记各自设计一份企业文化变革的方案,这三个方案可能有很大的不同。如果我们再做一个试验,让一个同时兼有总经理、董事长和党委书记的人分别以不同的身份设计自己企业的文化变革的方案,这三个方案也可能有很大不同
由企业经营的真正"一把手"主导企业文化变革	所有成功的企业文化的变革,至少说在实施阶段,都是自上而下的——虽然不是所有的自上而下的企业文化变革都是成功的;所有失败的企业文化变革,至少说在实施阶段,都不是真正自上而下的——虽然不是所有失败的企业文化变革都不是自上而下的。大家都说,企业文化是企业的灵魂,一个在企业中说了不算的人,或者几个说了不算的人,能掌控企业的灵魂吗?总经理也好,董事长也好,党委书记也好,谁说了算,基本上这个企业的文化就是他引导的文化。这种文化是否明白地昭示出来以及昭示的程度如何,只能导致它对企业中人与组织的影响程度不同以及企业外对它的认识程度不同而已,并不导致文化实质的不同
对企业员工以灌输为先锋,以制度做保障,依程序分阶段进行文化变革	由于企业文化的重要性,企业文化的变革不能草率行事,以免失信于人甚至造成混乱。国内外成功的企业文化变革的经验说明,企业文化变革往往以灌输为先锋,以制度做保障,依程序分阶段进行。灌输的方式有博客演讲、撰文、标识、培训、大讨论等,昭示给企业成员,使他们清楚地认识其目标文化。制度做保障就是要把目标文化融入企业制度中,或者说是根据目标文化制定企业制度。依程序、分阶段进行就是要规划好企业文化变革的程序,循序渐进、步步深入地进行,否则很可能会出现"夹生"现象,出现一种是写在纸上的文化、一种是现实中的文化这样华而不实的情况

总之,能否抑制不良企业文化的惯性和惰性、克服企业文化变革阻力,还要看企业文化变革自身的力量,比如企业文化变革方向是否正确,能否把制度变革与文化变革相融合,特别是能否形成体现新的文化理念的奖惩、晋升和分配机制,这些都已形成共识。企业家只有积极引导企业文化变革,真正树立起和社会道德观相符合的理念,形成一套企业文化理论体系,并在这

个企业中踏踏实实地运行、补充和改善，才能最终塑造优秀的企业文化。

精神领袖——企业家精神主导企业文化建设

企业文化具有企业"宗教"的性质。从大的方面说，它明确了企业发展目标和战略构想，为企业员工描绘了企业未来发展的蓝图，对企业的工作具有指导意义。从小的方面说，它是企业员工的行为规范，员工只有遵守这些规范，企业的奋斗目标才能得以实现。如何把这些目标、蓝图贯彻下去呢？作为企业"精神领袖"的企业家必须身体力行、以身作则，才能出成效。在这方面，上海复星高科技集团的董事长郭广昌堪为楷模。

【案例】"修身、齐家、立业、助天下"——郭广昌解析"复星"飞速发展的奥妙

一家民营科技企业，在一位年轻人的带领下，经过短短的10年时间，将10万元演变成了198亿元，创造了一个近似不可能的传世神话。这个神话的创造者就是年仅35岁的全国政协委员、全国青联委员，上海复星高科技集团的董事长郭广昌。

郭广昌是如何塑造复星集团企业文化的呢？在复星集团企业文化形成过程中，郭广昌起了什么作用？要弄清楚这些问题，从郭广昌用企业家精神主导企业文化建设方面可以找到答案。这就是：以事业凝聚人，以发展吸引人；以工作培养人，以业绩考核人；"多做事，少说话"；"修身、齐家、立业、助天下"；"学习、创新无止境"。

首先，以事业凝聚人，以发展吸引人。郭广昌常说："企业的发展像一

条河，每一个人正像河中的一滴水，无论是在上游、中游，还是下游，都能找到自己汇入大海的位置。"经过多年的实践，郭广昌深刻认识到，企业的竞争归根结底是人才的竞争。他强调："青年人最需要的不是个人英雄主义，而是集体英雄主义。我们这些人能力上可能每人只能打七八十分，但是我们要做能力的加法和乘法，在复星，我们最大的愿望，是培养一个志同道合的青年企业家群体和一支朝气蓬勃的青年创业团队。"

其次，以工作培养人，以业绩考核人。郭广昌说："人是企业管理的核心，也是企业成败的关键。"企业就是经营资源的组织，通过企业家的杰出领导，产生"1＋1＞2"的效益。上海复星高科技集团构建的这套用人制度，吸引了来自全国乃至海外学成归来的硕士、博士，正是这样一种企业精神和团队创业的氛围，一家民营科技企业，在郭广昌的带领下，经过短短的10年时间，将10万元演变成了198亿元，创造了一个近似不可能的传世神话。

再次，"多做事，少说话"。郭广昌创建了一家资产规模近百亿元的大型民营控股企业集团，历经10载，目前复星已形成生物医药、地产开发、文化信息和商贸旅游等产业群，拥有多家跨行业、跨地区、跨所有制的下属企业。卓越的经营成就使郭广昌先后荣获"全国优秀民营企业家"、上海市"劳动模范"、"十大杰出青年"称号，并被誉为"上海的比尔·盖茨"。郭广昌解析复星飞速发展的奥妙很简单，就是"多做事，少说话，甚至不说话"。可对于目前正在奋力经营、力图发展的企业家来说，这"简单"里非常不简单！

复次，"修身、齐家、立业、助天下"。在郭广昌的办公室里，"修身、齐家、立业、助天下"九个大字格外醒目。这正是郭广昌为复星建立的企业理念。他说："复星是个群体，以事业为载体来实现创造财富、回报社会的理想，来获得个人价值的实现。"因而，他用哲学家的思维，将先贤的名言改成了复星的"座右铭"，这也是复星企业文化的核心。

郭广昌认为，今天社会的经济细胞不再是家，而是企业。在实现中华民族伟大复兴的 21 世纪，知识分子实现价值的选择是"立业、助天下"，即产业报国。对于企业和个人来说，"修身"就是要通过不断地反省，全面审视自身的优势与不足，通过反复修正，不断提升，最终实现自我完善，进而达到超越自我的更高境界。

郭广昌的复星以"助天下"为企业经营的理想目标，通过创造财富贡献于社会，通过创造品牌服务于社会，通过参与公益事业造福于社会。

最后，郭广昌的成功在于"学习、创新无止境"。为了更好地规划和发展知识经济型企业，郭广昌立足高起点，着眼飞速发展的形势需要，踏实地建立现代企业制度，致力于培养创业型群体。他说："企业家经营的过程，其实就是一个不断找老师的过程；复星集团这些年能够快速发展，在于我们老师找得多、找得准。"现在，这种"带泥土移植"的借"脑"增力已成为复星超速发展的"妙方"之一。

今天已经成功了的郭广昌依然谦逊、执着，"我最大的敌人是我已经取得的成绩，我最大的障碍是无法超越自己，事业无止境，学习、创新无止境。"郭广昌说。其实，这也是一个企业家所具有的企业家精神的写照；正是这种精神，塑造了复星集团的企业文化，郭广昌也在复星集团的企业文化形成过程中起到了重要的作用。

从郭广昌的例子可以看出，企业家精神的持续发展也影响着企业文化不断变革，从而支持企业的成长；同时，企业家精神形成的实质是企业家个体价值观体系的扩展，当这一扩展的价值观体系将更多的资源聚合成为企业时，企业文化也随之形成。

那么，究竟如何用企业家精神主导企业文化建设呢？根据郭广昌的经验，我们总结出以下几点。如表 4-3 所示。

表4-3 企业家精神主导企业文化建设的方式

方式	实施细则
组织学习	组织学习是企业家精神向企业文化扩散的主要方式。组织学习不仅包括对特定知识技能的掌握，更重要的是对企业价值观体系的学习、认同甚至信仰。通过组织学习，企业家精神才有可能被全体员工所接受和认同，变成整个企业的共同价值观体系。郭广昌的成功在于"学习、创新无止境"。他说："复星集团这些年能够快速发展，在于我们老师找得多、找得准。"
为员工提供广阔的空间	摒弃"独揽大权"的意识形态以及个人崇拜的错误观念，而且要允许员工有更广阔的业务方向和行动空间，允许他们跨越等级制度，才能激发他们的责任感。郭广昌强调以事业凝聚人，以发展吸引人。他说："在复星，我们最大的愿望，是培养一个志同道合的青年企业家群体和一支朝气蓬勃的青年创业团队。"
积极改变心智模式	心智模式的改变并不意味着强加于员工，而是要由企业家不断改善本身的心智模式，并以此影响员工，让员工自己来决定如何做。已经成功了的郭广昌依然谦逊、执着地说："我最大的敌人是我已经取得的成绩，我最大的障碍是无法超越自己，事业无止境，学习、创新无止境。"这种心智激励了所有员工
必要的内部人事更新	企业文化的改变通常伴随着企业家精神的扩展或者是企业家本身的替换。在实现企业文化变革的公司中，改革者的背景主要是外来者与才能异乎寻常的公司内部人士；但当企业组织内部的价值观难以趋同时，通常需要那些具有新思想的外来者推动企业的文化资本积累。郭广昌构建的用人制度，吸引了来自全国乃至海外学成归来的硕士、博士，这些人在郭广昌的带领下创造了骄人的业绩，为世人瞩目

总之，企业家作为企业"精神领袖"，必须用企业家精神主导企业文化建设，做宣传和发扬企业文化的带头人，大力推进企业文化的传播，促使企业文化落到实处。

第五章　重塑核心骨干，形成
积极向上的文化氛围

　　企业文化可以通过多种形式体现出来，但重塑核心骨干，形成积极向上的文化氛围，则是在企业文化建设与管理过程中应重点强调的。形成积极向上的文化重在营造积极、乐观、专业、敬业的氛围，这已经成为当今每个企业家和核心骨干的共识，很多企业家及核心骨干如史玉柱、布拉松、比尔·盖茨都为此做出了不懈的努力。

稳定核心骨干

　　核心骨干一般都就职于企业的关键岗位且表现合格，掌握企业的核心资源如技术、工艺、业务等，而且替代成本很高。核心骨干具有一些共同的特质：具有责任感和团队精神；积极主动，富有创造力；对待工作没有任何借口。他们是团队精神的典范，是企业的宝贵财富。如何稳定核心骨干，使他们最大限度地发挥作用，是企业家在经营管理实践中应该妥善解决的重要问题。

　　论及团队管理，众企业家都有他们各自独到的见解。其中巨人集团的史玉柱可谓谙熟其道，他的团队管理方式在管理界堪称一绝。

【案例】史玉柱的团队管理之道

史玉柱，这位技术出身而又近乎偏执的企业家，何以在"巨人"倒下之时，整个团队 20 余人几乎都没有离开他，却追随他蛰伏了数年而后东山再起？从最早的计算机产品到保健品，再到现在的网游，几乎是同一帮人马在策划运作。究竟是什么原因，使这批人才聚集在这个"鬼才"身边？下面，就让我们来看看这位企业家是如何管理团队，如何通过"理才"生财成就一番商界霸业的吧！

史玉柱叱咤于风云多变的商业江湖中，追随他们的骨干人马，是一支极具凝聚力、异常稳定的核心队伍。外界常常用"沉浮"、"动荡"来形容对史玉柱团队的印象，但谁也不能否认其"嫡系"十分稳固。陈国、费拥军、刘伟和程晨被称为史玉柱的"四个火枪手"，史玉柱在二次创业初期，身边人很长一段时间没领到一分钱工资，但这四个人始终不离不弃，一直追随左右。

尽管经历了巨人公司数年的停业，但"脑白金"分公司的经理有一半都是最初跟随史玉柱起家的人马，这些人在"脑白金"已工作六七年，而"脑白金"和"征途"的多数副总更是早在 1992～1994 年便是巨人公司的员工。

"巨人大厦"坍塌后，对于怎样保持团队奋斗向上、保证企业向前发展，史玉柱的做法是：不定目标，缜密论证，步步推进，一咬到底。这一习惯，贯穿于"征途"两年多的发展轨迹。作为史玉柱"新嫡系"的"征途"项目负责人纪学锋，是史玉柱成立"征途"时挖来的第一批网游骨干之一，对此他认为："公司各方面都很开明公平，只要有实力，就会有机会。在管理上不会拘泥于太多的规则，大家做事的时候拼命做，小事则不拘泥于细节，整个过程能够让人实现个人价值。很多企业包括外企管理规范，但把人管得太死。"

"脑白金"2001 年销量突破了 13 亿元，史玉柱随即授权大学时睡在他上铺、时任上海健特总经理的陈国打理日常事务。翌年，陈国发生车祸。据知情人士透露，当时史玉柱正在兰州开会，撂下电话后连夜飞回上海，赶到医院时陈国已奄奄一息。和巨人的衰败相比，这件事对史玉柱的打击同样巨大，公司把所有业务全都停掉专门处理陈国的后事。史玉柱在后来回忆时表示，那是一种"断臂之痛"。从此，史玉柱对车的要求很高，"坐 SUV 为主，另外加了一条规定，干部离开上海禁止自己驾车"，他和公司高层每年清明节都要去给陈国扫墓。

史玉柱没有在陈国去世后重新接管"脑白金"，而是将担子交给了文秘出身的刘伟。"刘伟做上海健特副总，她分管那一块，花钱就是比别人少很多。"史玉柱说，"跟了我十几年，没在经济上犯过一回错，我自然非常相信她"。刘伟表示，自己虽然能叫出这 300 多个县、市、省办事处经理的名字，但具体管理还需要史玉柱提供思想和方法。

早期在珠海经营巨人时，史玉柱实行的是军事化管理，后来他渐渐明白："大多数员工的使命是打工挣钱，养家糊口。虽然军人有保护国家和民族的义务，但员工没有对老板效忠的义务。"他有时甚至使用着极端的管理方式，比如"脑白金"战役时，员工们疯狂地工作、疯狂地加班，史玉柱经常会在员工加班的时候动不动就发上几千元的奖金，让人惊喜不已。

史玉柱力求让每一个员工明白，评价做事的成果"最终凭的是功劳而不是苦劳"。公司只有一个考核标准，就是量化的结果。正是以结果论英雄，他才锻就了一支强有力的队伍。不过，如何在保证结果的同时，保证管理的人性，史玉柱的一个管理思路就是：制度无情，人有情。"老板是刀子嘴豆腐心，骂人归骂人，不会夹杂其他。并且，老板做错了也会自我检讨"。

史玉柱用人的一个原则是"坚决不用空降兵，只提拔内部系统培养的人"。他认定的理由是，内部人员毕竟对企业文化的理解和传承更到位，并且执行力相对更有保障。对于一个商业模式定型、管理到位的企业来说，执行的保障比创造的超越更为重要。从这个方面来讲，史玉柱是个典型且极端的实用主义者。

在中国，以亲情文化和家长式管理为纲的企业并不在少数。家长式或长官式管理的另一种表现形式就是独裁型领导。在检讨巨人集团失败的教训时，史玉柱曾表示，原来公司董事会是个空壳，决策就是由自己一人说了算，他认识到了"决策权过度集中危险很大"。

史玉柱绝对是当今中国商界最具争议和最具传奇色彩的人物。他凭借"巨人汉卡"和"脑黄金"迅速飞腾，然后因"巨人大厦"倒塌而迅速坠落。经过几年的蛰伏之后，依靠"脑白金"和"征途"重新崛起。应该说，他是中国迄今为止唯一经历了"大起、大落，又大起"的著名企业家，他创造了一个中国乃至全球经济史上绝无仅有的传奇故事，被誉为当代中国企业界的传奇人物。

现在，史玉柱这位自诩为"著名的失败者"的成功者似乎已经洗心革面，他说："独裁专断是不会了，现在不管有什么不同想法，我都会充分尊重手下人的意见。"由此，他成立了七人投资委员会，任何一个项目，只要赞成票不过半数就一定放弃，否决率高达2/3。

企业的核心骨干人才是企业长期、快速、稳定发展的关键因素，必须予以培养和保留。在保留企业核心骨干问题上，从史玉柱的团队管理之道来看，我们认为需要做到以下几点。如表5-1所示。

表5-1　保留企业核心骨干的方式

方式	实施细则
完善人力资源管理系统	完善的人力资源管理系统包括人力资源规划、薪酬、职位与晋升、绩效、沟通、员工开发等一系列子系统。其中的薪酬即根据外部市场薪酬水平调整企业薪酬水平，合理设计薪酬结构，动态薪酬调整机制，基于绩效导向的薪酬发放，管理层或员工持股计划。史玉柱在"脑白金"战役时甚至使用着极端的管理方式，让员工们疯狂地工作、疯狂地加班，他经常会在员工加班的时候动不动就发上几千元的奖金，让人惊喜不已。公司只有一个考核标准，就是量化的结果。正是以结果论英雄，他才锻就了一支强有力的队伍

方式	实施细则
稳定的双向心理契约	双向心理契约的表现是作为企业所有者或管理者有权利要求员工为企业付出，做出贡献，也有义务为员工提供薪酬、发展机会等，在心理上对员工负责，而不是把他们当成能够进行配置的资产；作为企业员工，有权利要求企业为自己做出的贡献提供回报，也有义务做到努力尽职，对企业在心理上认同。如果能够建立起以"企业为家"的观念，对稳定员工队伍有非常好的作用。史玉柱从最早的计算机产品到保健品，再到现在的网游，几乎是同一帮人马在策划、运作。这批人才之所以聚集在他身边，是因为史玉柱在管理上不会拘泥于太多的规则，大家做事的时候拼命做，小事则不拘泥于细节，整个过程能够让人实现个人价值
造就雇主品牌	良好的雇主品牌可以吸引优秀的人才，也可以让现有的企业员工从心里产生自豪感。打造雇主品牌需要企业家有规范的管理，关注员工的发展，包括职业、技能和心理等方面。如何在保证结果的同时，保证管理的人性，史玉柱的一个管理思路就是：制度无情，人有情。"四个火枪手"之一的陈国发生车祸时，正在兰州开会的史玉柱撂下电话后连夜飞回上海，赶到医院时陈国已奄奄一息。史玉柱在后来回忆时表示，那是一种"断臂之痛"。从此，史玉柱提出对车的要求：以坐运动型多用途汽车 SUV 为主，而且"干部离开上海禁止自己驾车"，他和公司高层每年清明节都要去给陈国扫墓
面向未来的保持关注策略	企业需保持对核心人才近况、动态的密切关注，既可以通过直属经理、人力资源部的非正式沟通途径了解，也可以借助满意度调查、流失风险评估等专业手段来了解核心人才的所思所想，以便于及时发现潜在的流失风险。史玉柱一直对下属保持关注，比如他在陈国去世后没有重新接管"脑白金"，而是将担子交给了"四个火枪手"之一的刘伟。他说："刘伟做上海健特副总，她分管那一块，花钱就是比别人少很多。跟了我十几年，没在经济上犯过一回错，我自然非常相信她。"刘伟则表示，自己虽然能叫出这 300 多个县、市、省办事处经理的名字，但具体管理还需要史玉柱提供思想和方法

　　总之，确保核心骨干的稳定是一个系统性的问题，系统性的问题就要系统解决，而像史玉柱这样的企业家其团队管理方法是可以参考和借鉴的。诸如完善人力资源管理系统、稳定的双向心理契约、造就雇主品牌、面向未来的保持关注策略等。

发挥核心骨干作用

核心骨干具有较高的业务水平，是企业发展的中坚力量，尤其是在处理企业危机时，其作用尤为显著。在企业经营过程中，当某一产品或服务本身发生变化或发生特殊社会事件时，就会对企业产生不良影响，并且在很短时间内涉及很广的社会层面，这种不良影响对于企业或品牌来讲就是一种危机。

在危机发生时，能否临危不乱，保持冷静的头脑，是衡量一个企业核心骨干素质的关键所在。在这一点上，重庆家乐福江北金观音店的店长布拉松，可谓处理公关危机的典范。

【案例】布拉松：危机中力挽狂澜

1998年4月17日下午，开张仅10天的重庆家乐福江北金观音店一大批顾客突然向饮料货柜拥去，抢购1.25升装的百事可乐。但是，当顾客按每两瓶2元的价格付款时，收银员却不知所措。事前，商场准备开展为期三天的特价酬宾活动，其中1.25升的百事可乐售价5元，同时赠送一听价值2元的天府可乐。为何顾客以2元钱买2瓶可乐呢？原来，当天重庆某报上刊登了一则"家乐福"特价酬宾广告，在数十种商品中，"百事可乐"原价5元，现价买一赠一。由于广告有歧义，造成顾客理解与商家原意不符。

就在顾客与收银员为价格僵持不下时，家乐福江北店店长、法国人布拉松对收银员说："尊重顾客的意愿。"只这一句话便圆满解决了问题，平息了公众的怨怒情绪。

紧接着，布拉松又及时地采取三项补救措施：一是最大限度地满足顾客；

二是从安全角度考虑，对商业环境的秩序做了合理安排，调集保安维持秩序；三是在本市报纸上发出启事对原广告修正，从而在根本上避免了事态的进一步扩大。上千件百事可乐以大大低于成本价的价格售出，但一股小的危机得到了圆满的解决。

布拉松这样做的目的，只是为了更主动地去关注一下由自身行为引发的问题，并以对公众和对企业负责的态度解决问题。最终让人们从深层意义上认识了一位成熟的公关实践者，以及他身上所特有"责无旁贷"的公关责任意识。

一直以来，商界都有一个共识，认为"公关绝对不是'救火'，它应该是一项必须持之以恒的工作"，所以我们不能仅靠夸夸其谈而应该靠我们坚持不懈的工作来赢得人们对我们及我们所代表的企业的认同。正是从这个意义上而言，家乐福之所以能在整个事件中给人们留下最为深刻的印象，关键得益于布拉松在处理危机问题上的举措，不仅仅代表了一个企业的良好形象，更重要的是，还体现了企业核心骨干——一位成熟管理者优秀的公共意识。

家乐福金观音店此番开展酬宾活动，平心而论，确实不曾料到其广告会引发如此轩然大波并造成公众与企业之间不应有的误解。但是事情发生之后，身为店长的布拉松表现得成熟、老道，他没有过多纠缠于事件的谁是谁非，更没有迁怒于任何人、任何一方。相反，聪明的他只是说了句"尊重顾客的意愿"，便圆满解决了问题，平息了公众的怨怒情绪。紧接着，这位店长又及时采取补救措施，从而在根本上避免了事态的进一步扩大。

身为零售巨头，家乐福对于"公众至上"理念的谙熟自然是毋庸置疑。对其而言，公众就好像是企业生存发展的土壤、空气和阳光，漠视公众实际是无视生存条件。然而难能可贵的就在于，当企业与公众因误解而出现利益冲突的时候，家乐福仍然能向公众传递"尊重你的意愿"的诚挚理念，这才真正体现了优秀企业在对待公众问题上的游刃有余。而论及损失，从布拉松"我不在乎利润的损失，我的宗旨是顾客满意为先"的话语中所流露出的一流公众意识，由此亦可略见一斑。

毋庸讳言，家乐福此番能够顺利地从危机边缘走出来，转危为安的关键自然是店长布拉松遇事冷静、沉着应变的结果。试想一下，如果一开始没有企业核心骨干出面处理此事，更没有那句"尊重顾客的意愿"来扭转危机的话，那么今天的家乐福会陷入一片诘责声中。

布拉松发挥了核心骨干的作用，这对于企业家经营管理来说同样重要。企业家在经营管理工作中注重发挥核心骨干的作用，可以实现以点带面、提升整个团队战斗力的目标，进而为企业发展奠定扎实的人才基础。尤其是在企业随时可能遭遇危机的情况下，如何发挥核心骨干的作用，化解和防范危机呢？具体策略见表 5 - 2。

表 5 - 2　化解和防范危机的策略

策略	实施细则
增强"生于忧患"的危机意识	企业危机重在防范，而防范危机的突破口就是危机意识。单纯的"硬性危机防预体系"是无力的，超前的、无形的、全面的危机意识才是企业危机防范中最坚固的防线。大量的企业案例证明，企业在危机应对方面的差异，很大程度上取决于企业危机意识的差异。对企业管理者和公关人员来说，要想科学有效地解决企业遇到的各种危机，就要对企业危机有透彻而深入的认识，树立起积极的危机观
预防是解决危机的最好方法	未雨绸缪，超前预防潜在的危机本身就是最好的公关。对于零售业来说，只有真诚为顾客着想的服务，才能获得顾客的满意，只有顾客满意了，才有企业所有公众的满意；而如果销售与服务人员的工作没有兑现企业的承诺，或者说不能让顾客满意，就会引起顾客的不满，这样危机就会不期而至
处理危机的基本出发点是正视问题	面对危机，任何愤懑、隐瞒、掩盖都于事无补，几乎所有危机处理失败的案例，都存在着态度上的偏差。此时最明智的办法是正视事实，认真对待。布拉松就能够在危机发生时正视问题，发挥出高度敏感的反应能力。如果一开始没有他出面处理此事，更没有那句"尊重顾客的意愿"带来转机的话，那么当时的状况一定会进一步恶化，给企业造成更大的损失，严重的还会断送企业的前程

续表

策略	实施细则
加强与公众的沟通	聪明的商家往往注意通过有效的沟通，确保企业内部、外部对话渠道畅通，以便于保持企业与消费者、新闻媒体、社区公众、政府机构之间良好的关系，为企业赢得外部公众的支持与信赖；同时尽力创造条件搞好商场内部沟通，调动员工的积极性，这也是预防危机、减轻危机损失的基础性工作。布拉松在发生危机后及时与各方沟通，如与顾客沟通、与保安沟通、与媒体沟通，并及时采取了补救措施，这就从根本上避免了事态的进一步扩大
将危机化为商机	商业活动中的危机很多，但有的时候危机就是转机，只有我们把危机处理得当，才可以再次转化为商机。布拉松在危机发生时高度负责，当众兑现承诺，体现了"客户至上"的原则，以至于成为顾客心目中的第一品牌。所以，重庆家乐福江北金观音店危机事件的发生不但没有因此失去顾客，反而为企业提供了机会，让企业跟客户做更紧密的结合

值得一提的是，核心骨干的带动、引领作用毋庸置疑，但不可忽视的是，他们自身背负的压力也不小。企业在发挥其积极作用的同时，也要注意帮助他们疏导心理压力、关注他们的思想动态，为他们营造一个张弛有度的工作环境。没有永远的骨干，企业在注重发挥核心骨干带动、引领作用的同时，一方面要加大对他们的教育培训力度，拓宽他们的发展空间；另一方面也要建立能上能下的进出机制，让核心骨干队伍始终保持旺盛的活力。

核心骨干塑造法

企业核心骨干作为公司发展的重要组成部分，对公司的文化、管理等方面起着积极的作用。充分尊重文化的特点和规律，着力打造核心竞争力强的骨干文化企业，对企业来说至关重要。在这方面，微软公司独特而有效的用人文化，蕴含着微软公司成功的秘诀。

【案例】微软：独特而有效的用人文化

美国微软公司从成立到现在已经走过了近40年的历程，从最初的两个人发展到现在的数万人，并从资金捉襟见肘一跃成为世界第二大富豪。有人说，微软公司之所以一路顺风，与它的老板比尔·盖茨的用人制度是分不开的。

一是低薪高股，留住顶尖人才。微软是第一家用股票期权来奖励普通核心骨干的企业。微软公司职员可以拥有公司的股份，并可享受15%的优惠，公司高级专业人员可享受巨大幅度的优惠，公司还给任职一年的正式雇员一定的股票买卖特权。微软公司职员的主要经济来源并非薪水，股票升值是他们主要的收益补偿。公司故意把薪水压得比竞争对手还低，创立了一个"低工资高股份"的典范，微软公司雇员拥有股票的比率比其他任何上市公司都要高。不过给股票持有者股息，持股者回收到的利润纯粹来自于市场价格的攀升。这种不向核心骨干保证提供某种固定收入或福利待遇，而是将核心骨干的收益与其对企业的股权投资相联系，从而将核心骨干个人利益同企业的效益、管理和核心骨干自身的努力等因素结合起来的做法，具有明显的激励功效。

在当今这个"跳槽"普遍盛行的时代，为什么微软能够"生产"数以千计的百万富翁，且对公司忠心耿耿？原因只有一个，那就是微软建立了一套网罗顶尖人才，珍惜顶尖人才的机制，建立了一种"宁缺毋滥，人尽其才"的选人、用人模式。难怪比尔·盖茨坦言："如果把我们公司顶尖的20个人才挖走，那么我告诉你，微软会变成一家无足轻重的公司。"也许，这就是微软成功的秘诀所在。

二是精挑细选，不让最优秀的人才"漏网"。根据微软的记录，公司每年接到来自世界各地的求职申请达12万份。面对如此众多的求职者，比尔·盖茨并不满足，他认为许多令人满意的人才没有注意到微软，因而会使微软漏掉一些最优秀的人才。于是，在微软的发展史上曾发生了许多较比尔·盖茨的财产快速增长更加激动人心的寻找人才的故事。

据说，只要世界上某个角落有比尔·盖茨满意的人才，他便不惜任何代价将其引进微软公司。他安排的很多"面试"，不是在考人家，而是在求人家。用微软研究院副院长杰克·巴利斯的话说，是在"推销式面试"。有趣的是，微软"考官"们"求人家"的时候所迸发出来的那种兴奋感，甚至还要超过"考人家"。他们知道谁是值得他们"恳求"的人，其"恳求"的方式常常会出人意料。在西方记者撰写的关于微软的书籍中，多次提到一件事情：加州"硅谷"的两位计算机奇才———吉姆·格雷和戈登·贝尔，在微软千方百计地争取下终于同意为微软工作，但他们不喜欢微软总部雷德蒙冬季的霏霏阴雨。比尔·盖茨说，这好办，就在"硅谷"为他们建立了一个研究院。

三是"一对一"的面试方式。来微软面试，虽说应聘者要面对众多考官，但面试却是以"一对一"的方式提问。因为微软文化中讲究公平和对等，所以不会让一个应试者同时面对一大堆考官，因为那样对应试者来说不公平。不过，有时候应试者并没有感受到这种公平，当他们从研究院的行政助理手中接到那一长串"考官"的名单和时间表时，有人就额头出汗。此后是一个小时接着一个小时持续处在高度的紧张之中，甚至中午吃饭时也不停止。当应聘者起身离去之后，每一个考官都会立即给其他考官发出电子邮件，说明他的意见和评估。

应聘者在几分钟后走进下一个考官的办公室，根本不知道他对你先前的表现已经了如指掌，他在嘴上说"接着谈谈"，其实是瞄准了"哪壶不开提哪壶"。所以，一个进入微软研究院的应试者会觉得是在攀登险峰，越到后面难关越多。一般来说，见到的考官越多，考官们在你身上花的时间越多，应聘者的希望也就越大。主考官全是各个方面的专家，每个人都有一套考题，并有不同的侧重，考题通常并未经过集体商量，但有四个问题是考官们共同关心的：是否足够聪明？是否有创新的激情？是否有团队精神？专业基础怎么样？

根据微软考核应聘者的这一原则，大学考试成绩并不是衡量一个人的最重要的标准，一个人的成绩只要没有差到"平均线"以下，就有资格走进微软进行面试。一些在大学里分数第一的人，在微软通不过面试的大有人在。另外，学校导师极力推荐的学生不一定能为微软所接受，导师竭力说"不"的学生，也不一定会被微软拒绝。面试的目的，在于检验应试者的书本之外的能力。一些到微软进行过面试的人说，应试者进入微软，就会觉得过去学过的书本上的知识全都用不上。

微软的人事变动极为频繁，升迁的依据全在于一个人的能力以及是否适合，资历在任何时候都不会成为一个因素。所以，假如你现在是一个资深"考官"，但你对面的这个年轻的面试者，有极大可能在不久的将来会成为你的上级。因为微软的用人制度和招聘原则不是资历和老本，而是"谁比我更聪明"。

四是构建"知识地图"，协调核心骨干与团队的发展。为了让这一群知识精英能够合作无间，微软的 IT 团队花费了相当多的时间和精力，建构起一套敏捷的知识管理系统，微软的人员"知识地图"可以说是这套知识管理系统的最佳代表之一。

这张"知识地图"是 1995 年 10 月开始制作的。在当时，微软的资讯系统小组开展了一项"技能规划与开发计划"。他们把每个系统开发人员的工作能力和某特定工作所需要的知识制作成地图，以便协助公司维持业界领导地位的能力，同时让核心骨干与团队的配合更加默契。微软的这一计划分为几个主要阶段：为知识能力的形态与程度建立起架构，明确某特定工作所需要的知识；为个别核心骨干在特定工作中的知识能力表现评分；在线上系统执行知识能力的搜寻；将知识模型和教育训练计划结合起来。

对于核心骨干的知识能力，微软采用了基础水准能力、地区性或独特性的知识能力、全球水准能力和普遍性能力四种知识结构形态来评估。当管理者想为新专案建立团队时，他无须知道所有核心骨干中谁符合工作条件，而只要向这个系统咨询就可以了。

微软推动"知识地图"的做法，表现出公司管理阶层重视知识，且支持知识的交流。"知识地图"不但使核心骨干更容易找到所需的知识，也表明企业知识属于企业全体而非个人。

五是关怀人才。比尔·盖茨很关怀人才，他曾经给职场青年 10 句警言：社会充满不公平现象，你先不要想去改造它，只能先适应它。世界不会在意你的自尊，人们看的只是你的成就，在你没有成就以前，切勿过分强调自尊。你只是中学毕业，通常不会成为 CEO，直到你把 CEO 职位拿到手为止。当你陷入人为困境时，不要抱怨，你只能默默地吸取教训。你要懂得在没有你之前，你的父母并不像现在这样"乏味"，你应该想到，这是他们为了抚养你所付出的巨大代价。在学校里，你考第几已不是那么重要，但进入社会却不然，不管你去哪里，都要分等排名。学校里有节假日，到公司打工则不然，你几乎不能休息，很少能轻松地过节假日。如果你认为学校的老师对你要求很严格，那是你还没有进入公司打工。因为，如果公司对你不严厉，你就要失业了；只要在公司工作，你是无暇看电视剧的。永远不要在背后批评别人，尤其不能批评你的老板无知、刻薄和无能。

随着知识经济时代的来临，人才、资本、技术、信息已取代传统单一的资本要素而成为支撑企业可持续发展的四大要素，而其中的人才要素由于其能动性、创新性、创造性、无法模仿性和持久性，毫无疑问地成为企业发展最核心的竞争力。对此，微软公司前总裁比尔·盖茨有着深刻而清醒的认识，他曾一针见血地指出："如果把我们最优秀的 20 名核心骨干挖走，我可以说微软将变成一个无足轻重的公司。"

既然人才与企业的核心竞争力息息相关，那么打造企业核心竞争力的唯一途径就是不遗余力地建设好人才队伍，尤其是通过文化的力量塑造核心骨干。具体方法如表 5-3 所示。

表 5-3 通过文化的力量塑造核心骨干的方法

方法	实施细则
给予核心骨干充分的信任	想要培养核心骨干，领导一定要给予核心骨干充分的信任，不要人为地制造障碍，不要每个项目都从头盯到尾，不要任何事情都亲力亲为。比尔·盖茨爱"才"如命，善于挖掘企业人才。为此，他安排的很多"面试"，不是在考人家，而是在求人家。而且求人家时所迸发出来的那种兴奋感，甚至还要超过"考人家"。如果没有充分的信任显然是做不到的
为核心骨干提供资源支持	所谓资源支持，就是给员工营造良好的工作环境，让其拥有高效完成工作所需要的信息和资源，如工具、装备、经费等。另外，企业给予员工的资源支持还包括对员工恰当的岗位安排，让员工的努力用得恰到好处。为了让知识精英能够合作无间，微软的 IT 团队花费了相当多的时间和精力，建构起一套敏捷的知识管理系统：为知识能力的形态与程度建立起架构，明确某特定工作所需要的知识；为个别核心骨干在特定工作中的知识能力表现评分；在线上系统执行知识能力的搜寻；将知识模型和教育训练计划结合起来。IT 团队强大的智力和资源支持，终使核心骨干发挥了巨大的作用
对核心骨干要多关怀	关心核心骨干的身体状况和心理状况，帮助核心骨干解决他所遇到的工作和生活中的难题，发自内心地希望核心骨干的工作和生活都过得更好。这些都是一名企业家应该去做的。比尔·盖茨对人才的关怀，从他给职场青年的警言中就能充分地体现出来

　　总之，只有做到了上述这些，才能塑造出真正合格的核心骨干，这样他们也才愿意为企业去打拼，愿意凡事为公司考虑。这样的核心骨干，才能成为公司稳定的核心骨干。

第六章　以人为本是建设强有力的企业文化的基础

以人为本是对人性基本规律和人的客观发展规律的尊重，符合企业和谐发展的要求。以人为本不仅是实现企业管理最优化的必然要求，更是建设强有力的企业文化的基础。建设强有力的以人为本的企业文化，就是以"充分尊重人、正确看待人、有效激励人、善于理解人、重视教育人"为主线开展企业文化建设。

充分尊重人——培养尊重人的企业文化

"尊重人"是企业文化的基本理念，培养尊重人的企业文化旨在"以人为本"，实践中体现在上级对下级的言语上、行为上，更体现在快乐创新上。在这方面，Google（谷歌）快乐创新的企业文化值得每一个企业效仿。

【案例】 快乐创新的 Google 文化

事实上，很少有企业像 Google 一样有创造力，它创新的速度同其搜索引擎检索结果的速度一样快。Google 取得的成功源于其创办人——当时还是学生的拉里·佩奇和谢尔盖·布林非凡的想象力。他们两人认为只有做自己喜欢做的工作，一个人才能对工作充满激情，工作效率才能提高；如果被动地执行上司布置的工作，就很难发挥个人的最大潜力。这是 Google 一直坚持的核心创新宗旨。

多年来，Google 的产品创新体系相当宽松。为了鼓励创新，Google 没有严格的自上而下的管理制度，员工工作非常自由，上司也不会过问他们在做什么。Google 企业事业部总裁戴夫·基勒德说："这一点很特别，公司很多产品就是在这 20% 的时间里开发出来的。Google 没有自上而下的管理制度，员工有很大的自由发挥空间，他们可以在工作时间做自己认为应该做的事，没有时间限制，也无须征求上司意见。这种工作模式对很多公司来说是一个大胆的挑战。不过，Google 的成功恰恰归功于弹性工作制度所调动的员工工作激情以及由此激发的自主创新。"

为了避免官僚作风扼杀潜在创新收益的风险，Google 以举行例会的方式，鼓励员工将新的想法直接呈交给 CEO 和合伙人，同时也给一些项目比过去更多的资源和独立性。这两个举措都是为了防止随着公司的成熟而产生的保守。

Google 的一款个人通信和协作软件便是获益于此。网友可利用该软件创建共享内容，由 Google 的在线服务器支持。当用户打开这个软件时，屏幕上显示三列。左列是文件夹和网络地址；中间是列表，有用户发起的聊天记录及订阅的内容；点击文件，内容会显示在右列。用户可将文本、相片、网页种子及其他内容上传到软件上，并可即时交换意见。这款软件让"技术迷"感到兴奋，在 Google 内部也受到热情追捧。

在 Google 中国，员工进入公司大门的那一刻起就能感受到那种弥漫在空气中的自由的风气：弹性的工作制度取代传统的刚性工作时间，能够让员工随时调整身心，保证把最高效最富有创造力的时间用于工作；优厚的福利待遇解决了员工的一切后顾之忧，以便他们全身心地投入到工作中去。这种让员工感到快乐的企业文化对应聘者有强大的吸引力，也让公司员工有着强烈的归属感,它已经成为 Google 中国创新的动力之源: Gmail 邮箱、Google-NEWS 等新产品的创意都来自 20% 的自由时间。正是这种快乐的企业文化,激发出了 Google 中国员工的激情以及由此迸发出的自主创新。

快乐创新的 Google 文化强调尊重人。正是由于尊重人,推崇自由的工作空间,其创新之路才能打破陈规,创意迭出。时至今天,Google 已然发展成为全球搜索引擎霸主,其成功的秘诀还在于以快乐创新为依归的企业文化。Google 已不是新建企业,但公司刻意营造新建企业的气氛,以激励员工们自我创新意识的迸发。

快乐创新的 Google 文化回答了这样的问题:建设企业文化的切入点是什么? 是"尊重人"。企业文化建设的重要内容应该是尊重员工人格,尊重个人的发展,在企业营造浓郁的"尊重"氛围,以最大限度地调动员工的积极性,增强企业的凝聚力。那么,怎样实现"尊重",营造尊重人的企业文化氛围呢? 可以采取以下四项措施。如表 6-1 所示。

表 6-1　营造企业文化氛围的措施

措施	实施要点
以情感人,以身作则	营造尊重人的企业文化氛围,各级领导就要做到"管理方法以情感人,工作作风以身作则",这是建设优秀企业文化的必由之路。尊重职工不仅是为了调动其积极性,让他们多干活,更重要的是提升职工的自我价值,形成和完善高尚的人格。Google 创办人拉里·佩奇和谢尔盖·布林一致认为,只有做自己喜欢做的工作,一个人才能对工作充满激情,工作效率才能提高;如果被动地执行上司布置的工作,就很难发挥个人的最大潜力。这是 Google 一直坚持的核心创新宗旨
以人为本,创造环境	企业文化的任务,就是在尊重职工发展意愿的前提下,大力开发人的潜能,为职工创造一种宽松、愉快、活跃和文明向上的环境与氛围,激发职工的工作热情和愿望,使职工合理、自主、健康地发展。多年来,Google 的产品创新体系相当宽松,没有自上而下的管理制度,员工有很大的自由发挥空间,他们可以在工作时间做自己认为应该做的事,没有时间限制,也无须征求上司意见。这种弹性工作制度充分调动了员工的工作激情以及由此激发的自主创新意识

续表

措施	实施要点
注重激励，提升需求层次	人的需求是分层次的。尊重职工，不能以功利为诱饵，要让职工在提升需求层次的基础上真心实意地去做该做的事，去探索有利于把工作做得更好的方法和途径。那种有损生理和心理健康的残酷竞争做法，与构建和谐社会的要求是格格不入的。为了避免官僚作风扼杀潜在创新收益的风险，Google 以举行例会的方式，鼓励员工将新的想法直接呈交给 CEO 或合伙人；也给一些项目比过去更多的资源和独立性。这两个举措都是为了防止随着公司的成熟而产生保守
关注利益，解决热点、难点问题	企业员工普遍关心养老保险和住房、医疗保险、工资等福利问题，尊重人就必须围绕这些热点、难点问题，实事求是地做好解释、说服、疏导工作。做好这些人的工作，解决好各种热点、难点问题，是实现"尊重"的重要途径。在 Google 中国，优厚的福利待遇解决了员工的一切后顾之忧，以便他们全身心地投入到工作中去。这种企业文化让公司员工有了强烈的归属感，并且已经成为 Google 中国创新的动力之源

总之，尊重人的企业文化就是要尊重与人相关的一切权利和责任，把人的权利和责任还给人自身，让职工平等地享有一切权利，让职工体面地生活和工作，从而发自内心地履行好各项职责。

正确看待人——用人所长，各得其所

"用人之所长，避人之所短"是用人的一项重要原则。意思是说，人各有优缺点，十全十美的人是不存在的。扬长避短是企业用人的基本方略，其重点应该扬长，因为人的长处决定一个人的价值，"扬长"不仅可以"避短"、"抑短"、"补短"，而且能够强化人的才干和能力，使人的才干和能力不断地成长和发展。

在当今世界，一无是处的人是不存在的。每一个人都有他的长处、优点，都有人们可利用的价值，这就要看领导者如何看待，怎样利用了。在这一点上，李嘉诚能用人所长，各得其所，可谓深谙用人之理。

【案例】李嘉诚：用人所长，各得其所

长江集团主席李嘉诚在总结用人心得时曾形象地说："大部分的人都会有长处和短处，好像大象的食量以斗计，蚂蚁一小勺便足够，各尽所能，各取所需，以量才而用为原则；又像一部机器，假如主要的机件需要 500 匹马力去发动，虽然半匹马力与 500 匹相比小得多，但也能发挥其一部分的作用。"

白手起家的李嘉诚，在其长江实业集团发展到一定规模时，敏锐地意识到企业要发展，人才是关键。一个企业的发展在不同的阶段需要不同的管理和专业人才，而他当时的企业所面临的"人才困境"较为严重。李嘉诚克服重重阻力，劝退了一批创业初帮助他一起打江山的忠心苦干的"难兄难弟"，果断起用了一批年轻有为的专业人员，为集团的发展注入了"新鲜血液"。为此，他制定了若干用人措施，诸如开办夜校培训在职工人、选送有培养前途的年轻人出国深造等。这些措施深得员工们的欢迎，使他们更加喜欢自己的企业。

在李嘉诚新组建的高层领导班子里，既有拥有金融头脑和非凡分析本领的财务专家，也有经营房地产的"老手"；既有生气勃勃年轻有为的港人，也有做事严谨善于谋断的外国人。

李嘉诚认为，长江集团走向世界，成为跨国公司已是必然，而这些在老牌英资企业工作过的人，与欧美澳有着广泛的业务关系。在国际市场中，用外国人打头阵，凭他们的血统、语言、文化等方面的天然优势，在开拓国际市场时可收到事半功倍的效果。同时，起用的那些外国专家，可以在集团内部管理上把西方先进的企业管理经验带入长江集团，使之在经济的、科学的、

高效益的条件下运作。

在李嘉诚的外国人阵容里，英国人麦理思是杰出的代表。麦理思曾任新加坡虎豹公司总裁，因业务关系与李嘉诚认识。李嘉诚器重他，不是因为他有英国血统、名校文凭，而是因为他是名优秀的经济管理专家。1979年，麦理思正式加盟长江实业，负责与香港洋行及境外财团的业务往来，为长江实业的发展立下了汗马功劳。

特别值得一提的是英国人马世明，他原效力于怡和财团，可以说是李嘉诚的对手；后来他又自创事业，开了一家工程公司，更与长江实业有了直接的利益冲突。但是李嘉诚一点也没有计较这些，相反，他十分欣赏马世明的学识与才干，尽力将其罗织网下。1984年，李嘉诚将马世明的工程公司买了下来，将马世明提升为和记黄埔的总经理，负责和记黄埔属下的货柜码头、电信及零售贸易等业务。后来，又将其任命为嘉宏国际和港灯董事局主席。后来，马世明成为长江实业系除老板李嘉诚外，第一个有权有势，炙手可热的人物。他担任和黄总裁九年之久，为和黄创下了丰功伟绩。

到20世纪80年代中期，李嘉诚已掌握了好几家老牌英资企业，这使得李嘉诚旗下的外国人骤然增多。如何管理这帮外国人呢？李嘉诚想到了"以夷制夷"。这并不是因为李嘉诚没有管理他们的能力，而是出于工作上的考虑。随着集团的超速发展，他的主要职责已放在了为旗舰导航上，况且用外国人管外国人，不仅有利于管理者熟悉业务，而且有利于管理者与被管理者相互之间的沟通。事实证明，这个策略大获成功，硕果累累。

精于用人的李嘉诚知道，不仅要在企业发展的不同阶段大胆地起用不同才能的人，而且要在企业发展的同一阶段注重发挥人才特长，恰当、合理运用不同才能的人。因此，他的"智囊团"里既有精明强干的年轻人，又有一批老谋深算的"客卿"。

香港商界盛传李嘉诚左右手与"客卿"并重，其中最令人注目的是精明过人、集律师与会计师于一身的李业广和叱咤股坛的杜辉廉。由于李嘉诚对他们特别信任和尊重，也换来了他们对李嘉诚的敬重和对公司尽心尽力的奉献。如杜辉廉为李嘉诚在股票发行、二级市场上的收购立下了汗马功劳，特别是在 1987 年香港股灾之前，为李嘉诚的集团成功集资 100 亿港元。

　　李嘉诚的用人之道说明，培养正确看待人的企业文化，要在"扬长"上下功夫。事实证明，善于"扬长"，可以使智者尽其谋、勇者竭其力、仁者播其惠、信者效其忠。"扬长"不仅可以避短、抑短、补短，而且能够强化人们的才干和能力，使其更好地开展工作，服务国家和社会。

　　如何做到"扬长"？可以采取以下方法，如表 6 - 2 所示。

表 6 - 2　"扬长"的方法

方法	实施要点
明确人才的特长加以区别任用	明确人才的特长，然后根据其特长区别任用，使工作领域与人才的特长对口。这种用人文化，有利于人尽其才，才尽其用。李嘉诚之所以用外国人，因为他考虑到两点：一是在集团内部管理上把西方先进的企业管理经验带入长江集团，使之在经济的、科学的、高效益的条件下运作；二是将来长江集团走向世界时，若用这些外国人打头阵，凭他们的血统、语言、文化等方面的天然优势，在开拓国际市场时可以收到事半功倍的效果
在最佳时机选拔和任用人才	企业用人文化的重要内容就是人才的选拔和任用。人才是发展变化的，不是一成不变的，因此用人要当其时、用当其位。麦理思因业务关系与李嘉诚认识，李嘉诚器重他，不是因为他有英国血统、名校文凭，而是因为他是名优秀的经济管理专家。麦理思加盟长江实业后，为长江实业的发展立下了汗马功劳。在 1987 年香港股灾之前，李嘉诚让叱咤股坛的杜辉廉尽情发挥，成功集资 100 亿港元
利用特长的可变性重塑人才	利用特长的可变性重塑人才，是以人为本企业文化的重要体现。在发现人才的特长转移之后，领导者要及时调整对人才的任用方式，尽可能将其安排到适合发挥新特长的领域工作，并为保护和促进新特长创造良好环境和条件。原效力于怡和财团的英国人马世明曾经开了一家工程公司，与长江实业有过直接的利益冲突，但李嘉诚十分欣赏马世明的学识与才干，尽力将其罗织网下，并不失时机地将马世明的工程公司买下来，然后委以重任，后来马世明成为长江实业除李嘉诚外第一个有权有势、炙手可热的人物

总之，"扬长避短"是用人的一个基本理念，也是领导干部的一项基本功。企业选人、用人、看人，应该采取"扬长避短"的方法，使他们各得其所。一位头脑清醒的领导者，真正注重才能的决策人，应该全面了解下属员工，知道他们的长处和短处，并进行优化组合，使其为企业的发展贡献最大的力量。

还需要指出的是，特长具有用进废退的特点，越用越能促进其发展、增进其优势。相反，发现人才的特长而不用，久而久之，其特长就会退化、萎缩，最终造成人才浪费。由此看来，领导干部一定要有爱才惜才之心、知人善任之能，讲德才兼备又不求全责备，让岗位需要对接人的才能，做到人尽其才、才尽其用，用当其时、各展所长。这样，我们的事业才能人才辈出、长盛不衰。

有效激励人——充分发挥员工潜能

在以人为本的企业文化氛围中，什么样的激励才能激发员工发挥最大的潜能？这是很多企业家经常探讨的问题。事实上，只有有效的激励才能收到理想效果。有效激励作为"以人为本"企业文化的重要内容之一，它强调的是充分认识职工的内在潜力和优点，不断进行激励和鼓动，调动他们的积极性继而发挥团队作用，创造更大的经济效益。

企业文化之所以具有激励功能，是因为核心价值观的凝聚作用、企业精神的鼓励作用、良好文化氛围的激发作用，而优秀的企业文化还具有激活作用。新奥集团通过企业文化进行有效激励，激活了企业的每个"细胞"，充分发挥了员工的潜能。

【案例】新奥集团的企业文化激励

总部位于河北廊坊经济技术开发区的新奥集团股份有限公司（简称"新奥"）从100万元起步，发展到如今拥有数万名员工和上百亿元资产的以清洁能源开发利用为主要事业领域的大型民营企业集团。新奥何以如此超常发展，为什么会打破民营企业"长不大的铁律"？我们认为，是新奥人巧妙地运用企业文化激励来激发员工的积极性和创造性的硕果。

新奥积累和总结了许多优秀的经营理念和管理模式，同时把企业家自身的许多思想和观念逐渐内化为无形的企业文化基因，潜移默化地指导和影响着所有新奥人的思想和行为。其中的有效激励更体现了新奥以人为本的价值观。

新奥坚持以人为本的核心价值观，承认员工是企业之本，并把认同新奥企业文化、富有责任感、具有合作精神、善于学习和敢于创新的员工视为新奥的最大财富。尊重员工自我成长的需求，为诚信敬业的员工提供充分公平的发展机会，并以公正和统一的战略绩效机制来评价、激励员工，使其不断提升职业能力、增加自身价值。

新奥在人本理念中强调：新奥员工共同建设了新奥，是新奥之本；视人才为企业竞争力源泉，根据发展战略与竞争的要求不断开发员工的核心技能与专长；坚持以宏大事业感召人，优厚待遇吸引人，优秀文化凝聚人，创造条件成就人，使员工始终处于激活状态。

为了达成上述理念，新奥建立和完善了员工权益保障体系，并将员工发展与能力提升作为首要任务，通过岗位实践、行动学习、轮岗、培训认证学习、导师制和学历教育等多种培养途径，促进员工形成过硬的专业能力与自我成长的良好习惯，在员工与企业的共同成长中提升员工的满意度。

为了给员工提供充分的发展空间，让人才有更好的施展才华的机会，新奥努力建立以正向激励为导向的全力创造价值、科学评价价值和合理分配价值的人力资源管理体系。视员工为客户，使员工满意，着力经营人才，提升企业竞争力。与此同时，新奥以劳动契约为基础，以心理契约为导向，构建企业与员工长期合作的利益共同体，实现员工与企业的共同成长。

以人为本，也意味着企业并不迁就人才。新奥在企业内部实行竞争上岗和末位淘汰机制，坚决淘汰和清除那些骄傲自满、不思进取、碌碌无为和违法乱纪的员工，使企业始终保持旺盛的活力和斗志。在用人方面，新奥遵循贤者居上、智者居侧、能者居中、平者居下的原则，不拘一格选拔人才。

新奥董事局主席王玉锁曾经常强调，新奥要取得成功，就要逐渐淡化企业家个人色彩，强化职业化管理。要把人格魅力、牵引精神、个人推动力转变为一种文化氛围，通过职业经理阶层的身体力行，形成一个文化场，推动和引导企业的进一步发展。

新奥的工会、共青团、青联、老员工联谊会等组织十分健全，为党建工作的开展和党群带头作用的发挥打下了坚实的基础。集团党委为维护员工利益，凝聚员工力量做了不少的工作。

2010年，集团党委针对人才流失问题，开展了基层员工薪酬专题调研，走访了16个企业，征求了2800多名员工的意见建议，向董事局提出基层员工薪酬提升方案，稳定了员工队伍。并且维护员工权益，签署《集体合同》和《工资集体协商合同》，协助完成了全体员工的劳动合同签订。在金融危机期间，新奥不但不裁员、不减薪，反而招聘、涨薪，更加有效地提高了员工的创业热情和企业的向心力，为企业持续发展提供了不竭动力。

同时，新奥党委将监督工作列入党委重要工作，与督察委员会共同就监督工作进行宣传和部署，探讨党委监督机制的建立，监控企业经营管理风险，征集广大干部员工的意见和建议。

2011年举办了"六个一"系列活动：举办一次党史知识竞赛，举办一场党史知识讲座，表彰一批先进基层党组织和优秀共产党员，开办一个网络专题事迹宣传栏目，编订一本《党旗在新奥飘扬》事迹图书，组建一个先进事迹巡回宣讲团，起到了纪念、庆祝、宣传、动员的多重作用。

集团党委积极培养典型、选树标杆，开展"学先进、赶先进、做贡献、争一流"活动，充分发挥优秀党员的示范、导向和激励作用，使广大职工学有榜样、赶有目标，先后选树了用户第一、服务至上的"燃气五姐妹收费组"，不怕牺牲、冲锋在前的"抢修飞虎队"，同时获得"全国劳动模范"称号的黄海兰和李金来等一大批模范班组和优秀党员。

如果说市场是只"看不见的手"，它引导着企业实现社会资源的优化配置，那么企业文化是另一只"看不见的手"，它能激发员工的积极性和创造性，努力实现企业内部资源的优化配置。新奥正是依靠企业文化这只"看不见的手"的激励而发展起来的，它用自身的实践演绎着文化的魅力，诠释着文化的内涵，并以高速增长向世人证明：文化就是力量。

新奥的文化激励实践遵循两个原则，一是确定激励的标准；二是有针对性的激励。如表6-3所示。

表6-3 新奥文化激励的原则

原则	实施方法
确定激励标准	确定激励标准，也就是说什么样的员工才会被激励，做了什么样的事情或贡献才会被激励。新奥把认同新奥企业文化、富有责任感、具有合作精神、善于学习和敢于创新的员工视为新奥的最大财富，为他们提供充分公平的发展机会，并以公正和统一的战略绩效机制来评价、激励员工，使其不断提升职业能力、增加自身价值
针对性的激励	客观、现实地了解员工的需要，有针对性地激励，特别是对于那些创造了价值做出了贡献的员工。企业领导者不能想当然地给一些这些员工认为无所谓的激励，这样难以激发员工的积极性。新奥有针对性地通过岗位实践、行动学习、轮岗、培训认证学习、导师制和学历教育等多种培养和激励形式，促进员工在与企业的共同成长中提升满意度

企业要获得发展，就不能让员工的潜能长眠不醒。这就意味着企业领导者必须树立"以人为本"的思想，在企业中建立、健全有效的激励机制，彻底打破靠金钱及惩罚的"胡萝卜加大棒"的传统管理思想和模式，不仅强调物质形式的激励，也强调精神形式的激励。通过有效激励，可以充分调动企业员工的积极性与创造潜能，为企业创造价值并实现个人的发展。

善于理解人——建立畅通的沟通机制

沟通，是企业人在一定的企业文化背景下相互之间进行思想和意识的双向的传递过程。沟通是一个传递思想，是别人理解自己和自己理解别人的过程。作为一个互相交流的过程，有效沟通就是为了活动的启动、协调、反馈及中间流程的纠正等目的而互相交换思想和看法。建立畅通的沟通机制，可以了解员工的需求，改善劳资关系，从而使员工自觉地努力工作。

【案例】 海底捞为什么这么"火"

海底捞之所以这么"火"，就是因为其建立了畅通的沟通机制。

人性化管理其实是对企业文化培育和发展的管理，而沟通则是人性化管理的具体体现，在管理过程中能起到关键的作用。企业若是注重人际沟通，尤其是上下级之间的沟通，并开始逐步建立共同的价值观，说明企业已进入人性化管理的意识培育和调整阶段，是企业发展、成长塑造企业文化的开始。这些都在海底捞得到了充分验证：无论是董事长张勇与骨干们的沟通，还是各个门店经理与下属之间的沟通或者普通员工之间的沟通，都是非常顺畅、有效的。

一个企业中的大多数问题是由于沟通不利造成的。在海底捞看来："人是海底捞的生意基石。单是用流程和制度培训出来的服务员最多能达到及格的水平。制度与流程对保证产品和服务质量的作用毋庸置疑，但同时也压抑了人性，因为它们忽视了员工最有价值的部位——大脑。让雇员严格遵守制度和流程，等于只雇了他的双手。"这是对海底捞人性化管理的描述。因此海底捞认为，只有深入调查、反复沟通，才能建立起企业应该且需要的流程，以达成支持战略目标、提升组织运行效率的目标。

正是在这样的认识基础上，海底捞建立了独特的沟通模式，而这种模式使得颇有家长作风的老板的思想、意志以及指令、政策，能够以非常高效的方式传递到海底捞的每一个门店每一位员工，并且通过门店经理主管的沟通，使这些意志、政策迅速被执行下去，不断反馈，不断纠偏。最后一个环节，在普通员工的层面，由于海底捞的独特企业文化，大家相互信任、相互融合。由此，整个海底捞就在各种类型的管理沟通编织的无形网络中得到了迅猛而稳健的成长。这种沟通模式集中体现了海底捞善于理解人的人性化管理思想。

在海底捞，所有问题在例会上都会得到解决，员工有什么创意、工作上有什么疑问和困难，在例会上都可以提出来，然后大家进行讨论和沟通，这样就使所有人都得到了进步。在具备了基本品质与共同进步的基础上，谁的能力提高得快，谁就有机会晋升。由此也可见沟通对海底捞员工的意义。

在此特别需要提及的是，这种海底捞式的沟通，其实是有背景和条件的：由于海底捞内部有一个特别规定——所有的管理层必须从普通服务员做起。在这个规定之下，海底捞从老板到副总、大区经理、小区经理、门店经理、主管都有共同的经历和经验。一旦有了共同语言，那沟通就毫无疑问地顺畅起来了。

有人说："与人沟通，最难的是理解对方的观点、背景和思维方式。知道这几点后，你就可以避免许多沟通困难。"在海底捞，无须任何沟通技巧和理论培训，只要发自真心地畅所欲言，如奶油般润滑的组织沟通以及员工关系就形成了。

海底捞生意之所以火爆，其原因恰恰就在这里！

沟通是一门艺术，而基于理解的沟通其重要性越来越受到企业中人性化管理者的重视。建立畅通的沟通机制，既是人性化思想的体现，也有利于彰显在任何场合下都能够有意识地进行有效沟通的企业文化，并能达到事半功倍的效果。如何建立畅通的沟通机制？见表6-4。

表6-4　建立沟通机制的方法

建立沟通机制的方法	实施细则
非正式沟通更轻松	非正式沟通少了很多约束和压力，人们在交流信息时更容易畅所欲言和相互激发，从而营造活跃的沟通氛围，让员工的积极性也得以提高。在海底捞，所有问题在例会上都会得以解决，而并非到专职部门去单独反映。员工有什么创意、工作上有什么疑问和困难，在例会上都可以提出来，然后大家进行讨论和沟通，这样就使所有人都得到了进步
优化机构，让沟通更深入	机构越复杂，沟通越困难，信息传达越容易扭曲、变形和失真，致使效率降低。优秀的企业不仅会优化机构，而且沟通频率较高，沟通深入、彻底，不流于形式。海底捞优化内部组织机构后建立了独特的沟通模式，老板的思想、意志及指令、政策，能够非常高效地传递到每一个门店每一位员工，并且通过门店经理主管的沟通迅速被执行下去，不断反馈，不断纠偏。最后一个环节，在普通员工的层面，形成大家相互信任、相互融合的企业文化氛围
建立沟通反馈机制	完整的沟通必须具备完善的反馈机制，注意观察有效沟通后的反应和行动，并收集可用的反馈信息，为有效沟通做出评判和改进方法。海底捞认为，只有深入调查、反复沟通，才能建立起企业应该且需要的流程，以达成支持战略目标、提升组织运行效率的目标
通过评价和总结激发创新	在建立长效沟通机制的过程中，需要坚持定期总结沟通机制产生的效果，并在原有基础上改进不足，不断完善和优化，要广泛征求员工意见，鼓励全体员工进行沟通创新，拓宽沟通渠道，丰富沟通方式，不断建设新型沟通平台。海底捞在会议上大家讨论问题后，凡是具备了基本品质与能力的员工，都有机会晋升。这种评价和总结机制对海底捞员工意义非凡

总之，只有持续不断地提升沟通机制，让内部组织体系深刻认识到各自

工作职责、业务状态、目标使命、现存问题、规划实施情况等，才能真正理解人并让信息流动无障碍，从而使组织体系发挥效能。

重视教育人——强化教育，以文"化"人

人创造文化，文化也改造人。企业文化所特有的导向功能，包含了重视教育人的思想，具有一定的教育意义。要想以文"化"人，必须强化教育，认清企业文化与教育的同异性，找准结合点，突出先进企业文化的导向功能，使员工成为合格人才并为企业的发展不断做出新贡献。中华著名老字号全聚德就特别注重以企业文化教育员工。

【案例】全聚德：以德聚才方可"财"高八斗

全聚德于1864年创建，距今已有150年的历史。全聚德一直注重培育全聚德企业文化，弘扬全聚德商魂，经过多年发展和创新，已经成为享誉海内外的中华饮食文化精粹，是中华老字号中的知名品牌，中国驰名商标。

在新的历史时期，全聚德树立现代人才观，通过教育培训，造就了一支有道德、守信誉，勇于创新，具有现代企业经营管理知识和能力，知识结构、专业结构和年龄结构优化，配置合理，有较高素质的管理人员和技术人才队伍。正是由于人才济济，大家齐心协力，才使全聚德的经济实力快速增长，经营业绩翻番，至2004年，仅在京直营企业的营业收入、利润总额和人均劳效就比1993年集团成立时分别增长了10.2倍、9.2倍和5倍，其品牌价值如今已近110亿元。全聚德的"聚德"二字最初就具有聚拢德行的吉祥蕴意，全聚德正是以德聚才，方才实现了"财"高八斗。

全聚德的教育培训是企业文化中的重要内容。教育培训以提高员工素质和能力为核心，以岗位培训和继续教育为重点，分职层、多形式、全方位地构筑全员终身教育体系。

一是"走出去"与"请进来"相结合。2005年初，仿膳饭庄、丰泽园饭店和四川饭店三家老字号企业进入全聚德集团公司后，为深入探索和研究多品牌经营与发展，集团公司董事长姜俊贤亲自率队，赴上海中国百胜餐饮集团学习取经，并邀请百胜集团中国区总裁苏敬轼先生到集团公司，与公司领导共同对多品牌发展模式、管理模式、多品牌架构等问题进行交流座谈。

二是领导与专家相结合。全聚德集团公司作为首旅集团的餐饮板块，为使公司高级管理人员及时了解和掌握当前品牌经营和企业文化建设方面的最新动态，统一企业文化理念，打造核心竞争力，探索新形势下多品牌经营发展之路，公司举办了"品牌与企业文化建设高级研修班"，重点围绕多品牌餐饮集团的整体建设进行研讨，充分认识集团公司进行品牌经营和企业文化建设的重要性，树立品牌经营意识，全力整合、打造中华餐饮联合舰队，树立多品牌餐饮集团的新形象。

三是教育培训与比赛比武相结合。几年来，集团公司先后组团参加了第二届、第三届中国烹饪世界大赛，第四届、第五届全国烹饪技术比赛，北京市第二届、第三届烹饪服务技术大赛以及在马来西亚举办的"2005烹炉大观世界金厨比赛"，均取得了突出成绩，获得各类奖项共计160余人次。

四是教育培训与考核相结合。为提高服务、技术人员综合素质，公司还加大了对所属企业厨师和服务人员的考核培训力度。经过程序严格的考核和审定，一批人获得高级技师职称。集团公司还组建了技术小分队，面向全国连锁企业，开展巡回现场技术培训和特色菜品推广展卖活动，每年共有50多人次到全国50多家连锁店进行巡回指导，受教育人数以千计，进一步提高了连锁企业菜品和服务的整体水平，受到连锁企业欢迎。

五是自办培训班与参加社会培训班相结合。全聚德还积极鼓励各级、各类人员参加公司外举办的各种职业培训。仅 2005 年，就分两期组织公司和各店经理共 14 人参加首旅集团举办的高级职业经理人认证培训班；组织公司和企业财务经理参加财务管理培训班；组织负责教育培训的同志参加高级培训师培训班，组织和平门店、前门店、丰泽园、仿膳、四川饭店、配送中心等单位 11 名员工参加北京市总工会举办的首都职工素质教育工程培训班。

由于全聚德集团公司对职业教育一贯重视且常抓不懈，集团公司无论在人才总量、人才素质，还是人才结构等方面都取得了可喜成果，积聚了一批高级管理人才、专业技术人才。数十名员工获得中国烹饪名师、亚洲大厨、北京烹饪大师称号。数百人在国际、国内烹饪服务大赛中获得金、银、铜奖。全聚德重视教育人的思想，通过以德聚才，以文"化"人，终于收获了丰硕的成果。

全聚德的实践证明，卓越的企业文化在无形中规定着员工树立崇高的理想和追求，并引导其主动适应健康的、先进的、有发展前途的社会需求，努力和组织的目标相一致，使个体和企业的目标得以共同实现。

要充分发挥企业文化对企业员工实施柔性管理的作用，实现个人和企业的"双赢"，应该从以下几个方面着手，见表 6-5。

表 6-5　实现个人和企业"双赢"的方式

方式	实施细则
争当学习型企业	真正出色的企业是能够设法使各阶层人员全身心投入，并有能力不断学习的企业。学习型企业就是一个具有持续创造能力、能不断创造广阔未来的"文化"组织，能够使企业在个人、工作团队及整个系统三个层次上得到共同发展。全聚德为了做一个学习型企业，在现代人才观指导下，通过教育培训，造就了一支高素质的人才队伍

方式	实施细则
真正做到"以人为本"	企业文化的实质就是以人为主体的人本文化，因而只有坚持"以人为本"，把人作为企业管理的根本出发点，才能充分发挥企业文化对员工的导向、教育和约束等功能，从而充分激发员工的热情和进取心，使之从内心深处产生对企业强烈的归属感和责任感，并真正把个人的前途和企业的命运联系在一起。全聚德注重以人为本，其教育培训以提高员工素质和能力为核心，以岗位培训和继续教育为重点，分职层、多形式、全方位地构筑全员终身教育体系
打造企业文化符号	优秀的企业文化形成之后，打造什么样的企业文化符号直接关系到员工的接受程度。通常的符号有：宣传企业的口号、语录；通过高层企业管理者的身体力行；通过先进个人形象的榜样作用；通过企业的各种仪式、习俗等。不同的企业要根据自身的特殊情况，打造一种恰当的企业文化符号，使自己的企业文化深入员工的内心。全聚德在文化产品的挖掘上不遗余力，先后编印出版了《全聚德今昔》、《全聚德的故事》、《全聚德名菜名点集锦》、《全聚德中国烹饪大师名师作品集锦》等书籍和画册。还积极参与社会上诗词歌赋等传统文化的传播，赞助复拍了《天下第一楼》话剧、电视连续剧等以及开展其他与文化有关的社会活动

总之，只有重视教育人，强化教育，以文兴企，以文"化"人，才能充分发挥企业文化的引导教育功能，把企业的价值理念渗透到员工的头脑中去，也才能协调利益关系，凝聚人心，使员工获得强有力的精神动力和思想保障，为企业的兴旺发达做出更大的贡献。

第七章　企业文化与企业品牌

企业文化是一种带有激励和鼓舞作用的力量。企业品牌是企业为了打造自己的形象，宣传自己的形象，通过文字、图案、形象等向消费者展现的具有自己产品个性的标志。一个对内，一个对外，两者相互促进又相互独立。企业要长远发展，需将两者进行融合，以利于公司文化与品牌的协同发展。

企业形象——塑造良好的企业形象，提升企业员工形象和素质

企业形象是指人们通过企业的各种标志如产品特点、行销策略、人员风格等建立起来的对企业的总体印象，是通过人体的感官传递获得的。企业形象是企业文化建设的核心，而打造企业形象是传承企业文化的重要形式。百年老店李锦记通过自己特殊的家族文化来传承和塑造企业形象，不仅实现了家族内外和谐，也使企业发展壮大。

【案例】百年老店李锦记的文化传承

李锦记创建于 1888 年，它凭借严格的品质管理和强大的市场拓展能力，

在 20 世纪 70 年代起迅速建立起一个蜚声海内外的酱料王国，畅销产品达 60 余种，分销网络遍布世界五大洲 80 多个国家和地区，真正实现了"有华人的地方就有李锦记产品"。进入 21 世纪，李锦记被评为千禧年香港十大企业，更被誉为"品牌及商誉最历久不衰企业"，进一步确定了李锦记的国际市场地位。

李锦记的文化构成包括"思利及人"、"永远创业"、"家族宪法"和"家族委员会"等。用一句话来总结李锦记文化的传承秘籍就是：通过"思利及人"的家族价值观、"永远创业"的企业精神与严格的"家族宪法"和"家族委员会"等沟通机制，默默地影响未来一代。

"思利及人"作为一种企业文化，体现在李锦记对产品质量的把控，体现在对祖国优秀传统文化的弘扬，体现在企业对员工的处处关心。而它也成为李锦记家族成员所必须拥有的核心价值观。家族企业接班人最缺乏的仍然是价值观和永远创业的精神，而李锦记未来的接班人，必须要有"思利及人"的理念和"永远创业"的精神。不管什么样的培训，最重要的仍然是培养他们拥有正确的价值观。

李锦记始终以家族为核心，每年都会组织一次全体成员的集体出游，以保证和促进家庭成员之间的充分交流，这对于成员人数众多且分散于世界各地的李锦记家族来说，大大增加了个人、家庭、家族的幸福感和凝聚力。而在家族的第四代子女中，也有一个非常出名的"三不准"规则：不准晚结婚、不准离婚、不准有婚外情。这种家庭道德伦理观虽然极为传统，但有效地保持了家族成员的责任感，避免了家族企业因内耗导致生意衰败的后果。对于从小就接受西方教育，更希望拥有自由选择的第五代，家族决定在潜移默化中影响他们，培养他们对家族的责任感，安排他们到北京参加李锦记清华暑期学习班，让他们通过对历史的学习和大量的户外考察，接受和了解中国的传统文化。

如果说"思利及人"的价值观和"永远创业"的精神，使得家族成员能够形成对家族事务的主动认知和融入，那么，"家族委员会"的成立以及"家族宪法"的制订，则完全取代了中国传统家族文化中的家规家训，尝试从战略上和制度上保障家族的延续。

2003 年，李锦记建立了家族学习和发展委员会，简称"家族委员会"。家族委员会实行的是集体领导制，委员会主席由委员会成员轮流担当。任何个体都没有决定权，每一个人的投票权都是平等的。这使得家族委员会成为一个家族成员相互交流和协商的平台，而不是颁布家长意志的"独裁机构"。家族委员会保障议事规则的工具是一个按铃和一个捐款箱，在家族委员会成员交流时，任何人都可以通过铃声来提醒对方违反了规则。违反一次罚款100 元，款项则全数捐出。方式虽然很简单，但对于具备西方教育背景的李锦记第四代成员而言，规则的背后体现的是一种契约制度。一视同仁的规则，平等的地位，尽可能地避免了"家长作风"带来的意见压制，有效地保障了家族利益的最大化。

委员会还制订了一系列"家族宪法"，内容涉及多项利益分配：股权的继承和转让，家族成员的分工和雇用，以及家族委员会、董事会与管理层的角色等。如"宪法"规定：家族委员会成员必须为家族内有血缘关系的成员；企业股份必须只传有血缘关系的后代，股份买卖只能在家族内进行；集团董事会主席由委员会决定；CEO 可为非家族成员，但须经过家族委员会通过等。

家族委员会旗下的学习与发展中心，是主要负责后代培养的重要机构，负责制定第五代成长的系统化方案。"家族宪法"中也明确规定：第五代家族成员要先在家族外的公司工作三年以上，才能进入家族企业。入职后，如果表现不佳，会跟其他员工一样被开除。家族成员应聘的程序和入职后的考核必须和非家族成员相同。

在企业社会责任的履责方面，李锦记秉承"思利及人"的核心价值观，积极回馈社会。在中国公共关系网主办的"2013 最具公众影响力公共关系事件"颁奖盛典上，李锦记"飞天梦，中国梦——李锦记设立航天奖学金助力中国航天事业发展"项目凭借活动的社会公益性及公众影响力获"2013 最具公众影响力企业社会责任大奖";同期在美通社"2013 企业传播奖"颁奖典礼上,李锦记再获殊荣,荣获"最佳 CSR 传播奖"。

中国内地民营企业的发展开始于改革开放之后,它们并不像李锦记这样具有完整的文化传承体系,企业创始人大多缺乏很强的前瞻性,往往问题出现时才考虑解决方案,而更多的企业,则是在尚未发展壮大,形成自身的企业文化和传承机制之前便被淘汰出局。在这种情形下,李锦记家族的"思利及人"文化、"家族宪法"等制度,并不一定具有普适性,但它至少提供了一个生动的样本,而它所采用的"中学为体,西学为用"的独特方式,或许可以为中国内地的家族企业提供一条可供参考的传承之路。

中华全国工商业联合会副秘书长王忠明深刻指出,李锦记家族的成功治理因循了客观规律和人性的需要,实现了家族内外和谐,从而使企业能够壮大发展。而当家族企业的传承转向了家族事业传承之后,"成功的家族,将来或许会培养出香港特首、大学者等,那时才是家族真正的辉煌,而不仅仅是一个企业的成功"。

良好的企业形象已经成为企业争雄国内外市场的巨大无形资源和财富,它比资金、设备、原材料等有形资源和财富更为重要。因此,如何塑造企业形象,如何在形象竞争中取胜,百年老店李锦记做出了回答。其方法如表 7-1 所示。

表 7-1　塑造企业形象的方法

方法	实施细则
努力提升产品服务质量	产品和服务是企业形象的外在体现,一旦企业提供的产品和服务出现了质量问题,这个企业的形象无疑会在用户的心目中大打折扣,相反,提供高质量的产品和服务的企业,在用户心目中的形象自然不会太坏。所以企业要树立良好的形象,首先就要努力提升产品和服务质量。李锦记企业文化中的"思利及人",体现在李锦记对产品质量的把控,体现在其对祖国优秀传统文化的弘扬,体现在企业对员工的处处关心

方法	实施细则
做好内部文化建设	形象良好的企业，不仅体现在企业所处的地理位置，企业的外部和内部环境，更表现在自身独特的文化内涵和企业员工的素质等方面。所以企业要树立良好的形象，需要努力做好内部文化建设，提升员工素质。李锦记的"思利及人"价值观和"永远创业"精神，使得家族成员能够形成对家族事务的主动认知和融入；而"家族委员会"的成立以及"家族宪法"的制订，则是尝试从战略上和制度上保障家族的延续
处理好社会关系	企业要树立良好的形象，需要处理好多方社会关系，比如企业和用户的关系、企业和媒体的关系等，而家族企业中的家族关系也对企业形象有很多影响。家族企业李锦记因为其家族能够持续地为其家族成员提供资源，家庭与家庭成员的关系紧密，所以李家的家法对其成员的约束力就强
多参加社会公益活动	多参加社会公益活动，能够提升企业的曝光率，公益活动是社会责任感的体现，对提升企业形象自然是非常有效的。在企业社会责任的履责方面，李锦记秉承"思利及人"的核心价值观，积极回馈社会，并在 2013 年荣获两项企业社会责任大奖
利用网络推广企业	企业要树立形象，就要让外界了解企业，把企业最好的一面展示在用户面前，这就需要对企业进行推广，现在企业一般选择利用网络推广企业，这种方式成本低，见效也比较快。在李锦记遍布世界五大洲 80 多个国家和地区的分销网络中，利用网络推广企业的分销商不计其数

　　企业形象主要体现在产品形象、环境形象、职工形象、企业家形象、公共关系形象、社会形象、总体形象等方面。良好的企业形象虽说并不直接产生企业利润，但它却是企业的无价无形资产，是一种极为宝贵的营销资源，因此，企业形象塑造是企业生存和发展的需要。当然，企业形象的塑造绝非一蹴而就的事，需要长期的筹划和持之以恒的努力，重在平时，贵在积累。

企业品牌——建立让员工引以为荣的企业品牌

企业品牌是指以企业名称为品牌名称的品牌。它传达的是企业的经营理念、企业文化、企业价值观念及对消费者的态度等。在企业品牌建设方面，青岛啤酒是一个民族品牌走向国际化品牌的传奇样本。

【案例】青岛啤酒：以企业文化建设引领企业发展

著名社会学家韦伯曾说："在任何一项社会事业的表象后面，必定有一种无形的、有力支撑这一事业的时代精神力量。"青岛啤酒的成功，归根结底也是文化的成功。文化已成为青岛啤酒最宝贵的资源和核心竞争力之一。

一是以人为本"新商道"，揭示了青岛啤酒文化的最大特点。建立在诚信、和谐基础上的"以人为本"，是青岛啤酒文化中最为核心的内涵。传统文化的"诚信、和谐"，已成为企业百年来越沉越深的精神底色。用青岛啤酒人的话概括："我们的使命是要为所有的利益相关者，包括员工、供应商，乃至于整个社会创造价值。"

对青岛啤酒来说，这种以人为本的追求，目的是使自己能够成为对别人负责，也受别人尊敬的"企业人"，本身即为脱离功利目的的修道，可以说，青岛啤酒对声誉、品格的追求，较之实际利润也许更为重视。从竞争战略上来看，这种修道本身也是一种商业竞争的利器，是成就青岛啤酒的关键性因素之一。

近年来青岛啤酒的发展，充分显示了这种"新商道"的力量：在全球经济形势不景气的情况下，青岛啤酒逆势上行，2009年并购济南趵突泉，2010年又在石家庄建厂，同时日照、福州、珠海、厦门等地工厂搬迁扩建，收购太原嘉禾啤酒、银麦啤酒，2011年收购新安江啤酒，新建揭阳工厂、泰国工厂……产能提升约500万千升，盈利能力大大提升。

二是永葆文化"新鲜度"。开放与创新，构成了青岛啤酒的另一个文化基石。开放与创新，是同一问题的两个方面。以开放、包容为起点，青岛啤酒对自己文化的反思与改进从未停止，正是这种青岛啤酒人所说的"文化新鲜度"，使一个历史悠久的公司历久弥新。

在青岛文化模型中，首先强调的就是成为拥有全球影响力品牌的国际化大公司的发展愿景；企业每年一度的《可持续发展报告》，采用的是来自联合国契约组织评价企业可持续发展的73条指标……可以说，这种以世界眼光与天下争的气势，是青岛啤酒"成其大"的决定性因素之一。近30年来，青岛啤酒的质量观实现了从"指标合格"到"满足需求"再到"创造快乐"的"进化"，在此过程中，青岛啤酒文化的不断创新体现得淋漓尽致。

三是文化渗透与文化溢价。"以文为魂"，体现为文化在潜移默化中对青岛啤酒事业的引领与推进，同时也体现在文化建设对于企业活动无处不在的渗透。在青岛啤酒，文化从建模到推行再到评估，每个环节都紧密关注文化与经营的关系。文化建设在实实在在成为企业行为的同时，也使得文化力的形成与建设具有强大生命力。

通过系统发力、制度保障，青岛啤酒文化在潜移默化中渗入员工的血液之中。在内部，文化力使百年青岛啤酒焕发了青春与活力。同时，优势的企业文化，形成了强大的"外溢"效应，青岛啤酒文化成为企业开疆拓土的利器。

独具特色的商业文化在塑造一个更具竞争力的青岛啤酒的同时，也在悄然提升着、放大着青岛啤酒在文化层面的影响。作为东方文化的使者，黄头发、蓝眼睛的青年把青岛"纯生"图案的刺青作为时尚，成为青岛啤酒国际化、时尚化的"背书";青岛啤酒博物馆已成为游客到青岛必看的景点之一;青岛啤酒街成为青岛餐饮业寸土寸金的黄金宝地;最著名的是已成功举办了21届的青岛国际啤酒节,如今已位列中国十大节庆之首,啤酒节对加快青岛啤酒与世界交融并进的作用正日益彰显。

青岛啤酒为建立让员工引以为荣的企业品牌提供了思路。具体如表7-2所示。

表7-2 青岛啤酒建立品牌的指导思想

指导思想	实施细则
企业品牌需要不断创新	创新是一个系统工程,主要包括观念创新、体制创新、技术创新、服务创新等。其中,创新人才作为现代企业最稀缺的资源受到广泛的关注,将是品牌建设的生力军。近30年来,青岛啤酒的质量观实现了从"指标合格"到"满足需求"再到"创造快乐"的"进化",在这一过程中,青岛啤酒文化的不断创新体现得淋漓尽致
企业文化与科技的完美结合	科技创新是企业的不竭之力;文化创新则是企业之根。要充分挖掘文化与科技的作用,不断注入品牌的文化和科技内涵价值,从而让企业与品牌的市场经济价值不断增长。青岛啤酒对自己文化的反思与改进从未停止,在青岛文化模型中首先强调的就是成为拥有全球影响力品牌的国际化大公司的发展愿景,而且企业每年一度的《可持续发展报告》,采用的就是来自联合国契约组织评价企业可持续发展的73条指标
注重品牌文化建设	品牌文化应该是能传播美学的文化,它能影响人们的道德观、价值观、幸福观、消费观,能在潜移默化中影响人们的生活观念。在青岛啤酒,文化从建模到推行再到评估,每个环节都紧密关注文化与经营的关系。文化建设在实实在在成为企业行为的同时,也使文化力的形成与建设具有了强大生命力。通过系统发力、制度保障,青岛啤酒文化在潜移默化中渗入员工的血液之中

总之,建立让员工引以为荣的企业品牌是一个长期过程。只有以提高企业品牌知名度、可信度为切入点,并以完善品牌美誉度为指数,以提高品牌忠诚度为目标,扎扎实实培育企业品牌,才能让员工引以为荣,才能使企业品牌发挥它的超值魅力。

视觉形象——特色企业文化之"脸"

企业视觉形象是由企业的基本标识及应用标识、产品外观包装、厂容厂貌、机器设备等构成的企业形象子系统。企业视觉形象对内可以提高士气，对外可以增加人们的认同感。方正集团运用商标树立企业视觉形象做得很成功。

【案例】"方正"以商标树立形象之术

"方正"一词源自北大宣传部赵为民的引经据典，最早见于《汉书·晁错传》："察身而不敢诬，奉法令不容私，尽心力不敢矜，遭患难不避死，见贤不居其上，受禄不过其量，不以亡能居尊显之位。自行若此，可谓方正之士矣。"公司之所以最终会选择"方正"作为商标，大概与此描述的做人做事的境界有关，也是企业文化的较好凝练。

方正集团的图形商标是一个充满动感的立方体，既反映了公司的产品特点，又体现了公司的企业精神，达到了形神兼备的境界。这从下面几个含义可以得到诠释：

图形从立体角度上看，中间方框的白色部分是正方形，右上角和左下角的黑色部分是正方形的阴影，从光学透视看构成一个正方体，这样，"正方"与公司的文字商标"方正"一致。右上角和左下角的黑色部分像两个箭头，向上的箭头表示科技顶天；向下的箭头表示市场立地。这意味着方正集团的高科技产业是顶天立地的事业。两个阴影部分似接非接，给人一种冲击感，体现了方正集团锐意进取、不断开拓、永远创新的企业精神。另外，图形整体简洁明快，特点突出，容易识别。

"小荷才露尖尖角"。为了设计与徽章相匹配的文字，经张炳贤老师联系，北大电教中心的美工李兆全老师在图形的基础上设计了"方正"的斜体字，与图形固定搭配使用，使徽章的斜面有更好的支持，目的也是在主要图形进行商标注册的时候，可以将并不显著的文字一起注册，以打"擦边球"的形式来合理规避注册的审查。这一想法得以尝试并获得了成功，"方正徽＋方正"的标识马上被申请注册，1992 年 2 月 28 日获得第 584771 号商标注册。这是北大新技术公司的第一张商标注册证，核定商品也仅是"汉字照排控制机"。在此期间，方正通过大量的广告宣传，已经逐步建立了客户与产品之间的联系，方正也慢慢取得了它的"第二含义"，按照商标法的规定，地名若具有其他含义，可以作为商标注册。就这样，方正文字受合法保护注册的"闸门"便打开了。

要在企业商标上设计出像"方正"这样独具特色的视觉形象，则需要在以下几个方面下功夫。如表 7 – 3 所示。

表 7 – 3　设计企业商标的内容和要点

内容	设计要点
考虑标志应用场合	一个标志产生以后，应用的场合是非常多的，所以无论是设计，或者是作为领导或者评委，都要考虑标志的多种应用场合。这就需要在多种情况下去审视、考虑、设计标志
标志的创意表达	标志的创意需要长期的平面美学积累，通常来说，要注意点线面的构成、大小的对比、疏密的对比、色彩的对比这几个方面。方正集团的商标既反映了公司的产品特点，又体现了公司的企业精神，达到了形神兼备的境界。
字体的选择和设计	这是多数设计师的缺陷，也是拉开设计师水平的一把标尺。其实，只要在字体设计上稍下一点功夫，设计能力就可以提高。为了设计与徽相匹配的文字，北大电教中心的美工李兆全在方正商标图形的基础上设计了"方正"的斜体字，与图形固定搭配使用，使徽的斜面有更好的支持

企业标志设计是艺术，而艺术的东西是仁者见仁、智者见智的，没有绝对的标准。只有平时多学习借鉴国内外的相关知识和作品，多多体会，开拓思路，才能设计出好的企业标志。

行为形象——特色企业文化之"手"

企业的行为形象是一个企业的特征、理念的外化和表现。它通过各种行为或活动将企业的理念加以贯彻、执行、实施。内部行为形象包括环境、员工教育及员工行为规范；外部行为形象则包括公共关系、服务活动、宣传活动。星巴克通过塑造行为形象，在商业行为中体现出可贵的伦理道德文化。

【案例】星巴克的行为形象塑造艺术

星巴克视"关系"为关键资产，特别是与员工的关系。星巴克董事长、CEO 霍华德·舒尔茨在意大利之行时，就已经了解到"咖啡大师傅"在为顾客创造舒适、稳定和轻松的环境时的关键角色：那些站在咖啡店吧台后面、直接与每一位顾客交流的星巴克咖啡吧台师傅决定了咖啡店的氛围。这种认识使得舒尔茨在公司倡导这样的价值观：通过提拔、报酬和建立意见反馈机制培养员工的信任感和对公司的信心。

对一家公司来说，首要任务是建立和维护公司与员工间相互信任、相互尊敬的关系。星巴克员工间相互称为伙伴，工作时虽然有各自固定的工作，但同时也相互帮忙。闲暇时刻大家会办"咖啡讲座"相互聊聊，品品咖啡，呈现出非常轻松的、无压力的氛围。在工作时也很开心，完全没有工作压力。

这种种有趣的行为表明，星巴克已经成为一种文化的代名词，而星巴克所营造出的生活方式，不仅为人们所熟悉，而且引起和获得了众多的争论和美名。

星巴克塑造行为形象最重要的两个元素，就是"体验"和"分享"。

霍华德·舒尔茨曾经总结，星巴克之所以拥有海妖般的吸引力，源自于四个方面的能量：浪漫的味道；负担得起的奢侈；众人的绿洲；悠闲的交际空间。对于星巴克而言，咖啡店的目标顾客是充满好奇心的成年人。一般来说，这样的人希望每次来星巴克都有惊喜和惊奇。因此，星巴克一直在强调的"体验"中，一种是硬件服务，一种是软件服务带来的不同的惊喜。比如，叫出顾客的名字，提供不同口味的新饮料，顾客可以寄放杯子在这里，来的时候把杯子拿出来，做出一杯新的饮料。还有新品种饮料的试喝，这都是惊喜和惊奇的体验。

分享的创新是指与顾客的互动。只要顾客有兴趣做咖啡的讲座，或者学校有需求，都可以免费分享在咖啡教室的快乐。而如何符合顾客的需要，做出他们想喝的饮料，往往这些信息也来自于与顾客的互动中。比如著名的"卡布奇诺"咖啡，就是在顾客的强烈要求之下，才开发出来的。现在，它成了星巴克的主打产品。

除此之外，运输、服务等各个环节的创新，都给星巴克带来了巨大的利润。比如他们发明了空气阀，能够在长途运输中，保证咖啡豆的质量。这个发明使得星巴克的开店范围获得大大的扩张，而同时也保证了星巴克的产品质量。

星巴克的行为形象塑造表明，企业内部和外部的一切行为都是该企业形象宣传的符号，这些动态的行为因素传达企业的特色、理念和品位，塑造着企业的形象。事实证明，企业行为形象的建立需要内外双管齐下。其具体方法如表7-4所示。

表7-4　建立企业形象的方法

方法	实施细则
塑造企业内部行为形象	一方面，通过组织内部的制度、管理与教育训练，使员工行为规范化、习惯化；另一方面，在处理对内、对外关系的活动中，体现出一定的准则和规范。星巴克员工间相互称为伙伴，工作时虽然有各自固定的工作，但同时也相互帮忙。闲暇时刻大家会办"咖啡讲座"相互聊聊，品品咖啡，呈现出非常轻松的、无压力的氛围。工作时也很开心，完全没有工作压力
塑造企业外部行为形象	通过有利于社会大众认知、识别的有特色的活动，塑造组织的行为形象，并与理念形象、视觉形象统一，构成良好的整体形象。在星巴克，只要顾客有兴趣做咖啡的讲座，或者学校有需求，都可以免费分享在咖啡教室的快乐。而如何符合顾客的需要，做出他们想喝的饮料，这些信息往往也来自于与顾客的互动中。比如著名的"卡布奇诺"咖啡，就是与顾客互动的成果

　　企业的行为形象不同于其他的社会行为，具有自己鲜明的特征，这些特征也是打造企业行为形象必须遵循的基本要求。既要符合科学实用的要求，又要达到展示企业形象的目的。

第八章　企业文化与企业制度

企业文化统领和引导企业制度，企业制度促进企业文化的形成。企业文化和企业制度同样重要，但相对来说，制度再周密也不可能凡事都规定到，而文化时时处处都能对人们的行为起约束作用。因此，在企业管理中，应注意两者之间的互动互融关系，提升企业的管理水平。

按制度办事，用制度管人

制度与文化并非对立的，两者不是两张不相关的"皮"，相反，制度越完善，越谙熟人性，越能凝聚文化。这就是按制度办事，用制度管人的含义所在。德胜公司与中兴通讯可谓是这方面的两个样板。这两家企业把价值观融进了制度规范，把制度规范做到极致，把制度做成文化，真正做到了文化与制度的融合。

【案例】德胜员工守则

德胜（苏州）洋楼有限公司成立于 1997 年，是美国联邦德胜公司在中国苏州工业园区设立的全资子公司，是中国境内唯一具有现代轻型木结构住宅施工资质的企业。创始人聂圣哲在管理上造诣极深，他所创立的德胜管理体系在中国管理界产生了巨大影响，以德胜管理规则为蓝本的《德胜员工守则》，被中国管理界称为企业管理的"圣经"。

德胜公司一贯强调制度化管理的不可替代性，其捍卫制度之不可侵犯性的态度十分坚决。员工守则中所制定的规章制度，琐碎得像中小学生守则，甚至详尽到了刷牙、洗澡、理发的次数以及不得出入网吧等条文，要求每一位员工甚至管理层都要严格按照规章制度办事。事实上，这些琐碎的条文，苛刻的纪律，对于德胜公司来说十分重要，是德胜成功的基石。严格而琐碎的规定，是为了形成一种习惯，一种认真负责的习惯。这种制度的约束形成了一种良性循环，习惯成自然，自然成文化，这是一种从个人到个人的回归。

无论是德胜公司还是公司所创办的平民学校、木工学校，最重要的一件事都是倡扬、贯彻"诚实、勤劳、有爱心，不走捷径"的企业价值观。而所有的规章制度都有一个主线，形散神不散，这个主线就是上述的价值观。

面对人性的"废墟"，德胜公司注重通过焕发员工内在的自尊心来让员工成为自尊且能够遵守公司制度、尊重他人的人。德胜公司提倡员工关系简单化，例如，"员工之间不得谈论其他员工的报酬及隐私"；"公司永远不实行打卡制，员工应自觉做到不迟到、不早退。员工可以随心所欲地调休，但上班时间必须满负荷地工作"；等等。从这些方面，也可看出德胜公司的人文。但这些人文的前提是自觉。

在德胜公司，制度和文化不再是两张不相关的"皮"，而是合而为一。

【案例】 中兴通讯 "高压线"

中兴通讯是拥有自主知识产权的通信设备制造业的开拓者，国家重点高科技企业。具备通信网建设、改造与优化一揽子的方案解决能力。中兴通讯的成功之道是如何摸索出来的？这应归功于中兴独特的企业文化。

"高压线"是中兴通讯企业文化和价值观不能容忍的行为底线，凡是与企业文化和价值观背道而驰的行为，一旦触及，一律开除。诸如"故意虚假报账"、"收受回扣"、"泄露公司商业机密"、"从事与公司有商业竞争的行为"、"包庇违法乱纪行为"等。在"高压线"约束下，诚信成了中兴通讯的立身之本，是全体员工行动的第一准则。

中兴通讯所强调的"互相尊重，忠于中兴事业"，不是一种对企业目标的盲从，而是强调"振兴民族通信产业是中兴人为之共同奋斗的事业"，企业在自我发展和自我积累的同时，要为国家和所在地区做出应有贡献。

中兴通讯注重建设顾客文化，提倡顾客至上，始终如一地为顾客的成功而努力。比如为实现"精诚服务，凝聚顾客身上"的理念，中兴通讯每个月都要进行内部和外部顾客满意度调查、打分，结果直接关系到各个部门的考核和员工的薪水，长期下来理念就慢慢形成了文化。

德胜员工守则和中兴通讯"高压线"都证明了这样一个道理：缺失制度的文化是乏力的，缺失文化的制度是空洞的。要想将制度与文化融合，就要用制度使文化落地，通过刚性制度和软性理念的相互配合，使企业员工能够尝试新的行为。企业制度与文化融合的措施见表 8 - 1。

表 8 - 1　企业制度与文化融合的措施

措施	实施要点
保持制度的刚性特征	制度限制了某些行为，同时也鼓励了某些行为，通过奖惩导向的牵引，制度不仅可以发挥其约束作用，严格规范人们的行为，同时还可以激励员工表现出企业崇尚的行为，从而有效传播企业文化理念。德胜公司毫无疑问地强调制度化管理的不可替代性，其捍卫制度之不可侵犯的态度十分坚决，保持了制度的刚性特征

措施	实施要点
建立"不让奉献者吃亏"的制度	在制度建立之初，员工可能会对企业能否说到做到持怀疑态度；如果员工做出贡献后及时得到了企业的嘉奖，这时员工开始将信将疑；如果员工的每一次奉献都得到了回报，员工便开始对制度的权威和效力深信不疑，奉献逐渐成为一种行为习惯，"奉献文化"就此形成。中兴通讯强调"互相尊重，忠于中兴事业"，不是一种对企业目标的盲从，而是强调"振兴民族通信产业是中兴人为之共同奋斗的事业"，企业在自我发展和自我积累的同时，要为国家和所在地区做出应有贡献
坚决贯彻举止廉洁、作风健康的理念	如果企业期望能够建立"公司利益至上"的文化导向，而企业现实中却存在内部成员利用职务之便为个人牟取私利的"灰色地带"，则需要其在制度中坚决贯彻举止廉洁、作风健康的理念，对敢于破坏纪律者予以惩罚。否则，制度就会形同虚设，背后的企业文化理念也就失去了依托。在中兴通讯，凡是与企业文化和价值观背道而驰的行为，一旦触及，一律开除。在这一"高压线"约束下，诚信成了中兴通讯的立身之本，是全体员工行动的第一准则

总之，只有将制度与文化融合，企业才不会再遭遇"制度空洞"与"文化乏力"的无奈，才能获得稳固长久的发展。

让每个人参与制度的制定

制度是人定的，也是用来管人的，因此，在任何规章制度出台之前，管理者都应该广泛征求员工的意见，让员工自己提出约束自我、提高工作效率的建议，然后再综合大家的意见，形成规章制度。在这方面，丰田公司的合理化建议制度是一个范例。

【案例】丰田公司：合理化建议制度

合理化建议制度又称奖励建议制度、改善提案制度、创造性思考制度，旨在鼓励广大员工直接参与企业管理，下情上达，让员工能与企业的管理者保持经常性的沟通。

合理化建议制度在丰田公司被称为"创造性思考制度"。和质量管理小组活动一样，丰田公司的合理化建议制度极大地促进了现场改善活动。好产品来自于好的设想。因此，丰田公司提出了"好主意，好产品"的口号，广泛采用合理化建议制度，激发全体员工的创造性思考，征求大家的"好主意"，以改善公司的业务。"好主意，好产品"意味着全体人员都来施展自己的才华，以全体人员的聪明才智，生产出质量更好、价格更廉、顾客更喜欢的产品。

丰田公司的合理化建议制度始于20世纪50年代，即"好产品、好主意"，实施的最初一年只征集到183条建议，但随后逐年递增，建议采用率也在上升。1972年，员工提出的建议首次超过10万条，采用率为57%；1978年提出建议达50万条，采用率为88%；1980年提出建议高达85.9万条，采用率高达94%。资料表明，1980~1986年，丰田公司收集到的建议有430万条之多。

合理化建议制度取得了惊人成效，仅1975~1976年，就为公司节省40亿日元。其中不少建议每月就可为公司节省二三百万日元。员工建议一旦被采纳，丰田公司将根据具体情况奖励5万~10万日元。此外，丰田公司对于在不同阶段提出建议被采纳的人员在月末或年末以奖状、奖品、奖金等不同形式给予奖励。

丰田公司的合理化建议制度的真正目的和所体现的精神就像"好主意，好产品"的口号一样，通过公司全体人员共同思考和共同参与的改善活动及其直接效果，提高产品质量，降低生产成本，提高每个人自身的能力，创造出舒适的生产作业环境，追求生产现场的生机和活力，增强全体人员对公司的忠诚感和归属感，最终为公司的发展壮大做出贡献。与此同时，合理化建议制度可以借员工自己的嘴管理自己，这样就缓解了管理者与被管理者之间的矛盾。

丰田公司的合理化建议制度具有明显的优越性，它是员工参与到公司管理中的一个重要途径，是公司运用集体智慧的一种重要手段，深受企业组织的青睐。实施合理化建议制度要结合当前实际情况，立足大局，其具体注意事项如表8-2所示。

表8-2　合理化建议制度的注意事项

注意事项	实施细则
客观具体	要注意建议的客观性及具体性，即要求提案人把现状真实地反映出来，用事实和数据说话。丰田公司的合理化建议制度激发了全体员工的创造性思考，大家的"好主意"都是从实践中来的，因而客观具体，改善了公司的现场活动
找出原因	要注意把握问题原因的准确性，即要求建议人把问题发生的主要原因找出来。丰田公司的"好主意"意味着全体人员都来施展自己的才华，以全体人员的聪明才智，生产出质量更好、价格更廉、顾客更喜欢的产品
有可行性	要注意解决问题的可行性，即要求建议人针对问题发生的主要原因，提出具体的改善对策，也就是提出解决问题的具体方法，只提问题不提解决办法的建议被视为无效建议。丰田公司的"好主意"创造了生产现场的生机和活力，增强了全体人员对公司的忠诚感和归属感，同时借员工自己的嘴管理自己，降低了管理者的管理成本
有绩效性	要注意改善的绩效性，一切建议都以绩效为导向，这种绩效不一定是以金钱去衡量，它是一个综合性指标，它的判定标准是促使公司向越来越好的方向发展。丰田公司的"好主意"取得了惊人的成效，1975~1976年为公司节省了40亿日元，其中有不少建议每月就可为公司节省二三百万日元。1980~1986年，丰田公司收集到的建议有430万条之多

总之，合理化建议制度存在着明显的优越性，它是员工参与到公司管理

中的一个重要途径，是公司运用集体智慧的一个重要手段，因此，在积极执行该制度的同时，应不断将其推向完善，尤其在公司面临销价降低、成本升高、客户要求更加严格、质量风险加大的情况时，更应该通过合理化建议群策群力，集思广益，使公司在激烈的竞争中立于不败之地。

保证每一种责任都能有人承担，
每一个人都能承担责任

突破企业传统组织与管理架构的"瓶颈"，让每一种责任都能有人承担，让每一个人都能承担责任，以延续企业的生存与发展，已经成为现代企业的共识。而 SBU 经营管理方式，就是想让每个员工都成为一个战略单位，充分投入到工作中去，在公司发展中发挥积极的推进作用。在 SBU 案例中，青岛海尔集团是最成功和最具代表性的。

【案例】海尔的 SBU：每个员工都是一家公司

SBU 是英文 Strategical Business Unite 的缩写，即战略事业单位，又称战略事业单元。所谓战略事业单元，既可以指一家完全独立的中型企业，也可以是一家大公司或集团内的一个事业部门，只要这个部门能够独立规划自己的经营战略、有独立的经营目标，就可以被视为一个战略事业单元。

一个理想的 SBU 的特征是有独立的业务、有不同的任务、有自己的竞争者等。在海尔的 SBU 中，独立的业务有旗下各大品牌，员工各司其职，品牌涉及冰箱、空调、洗衣机、手机、电脑等，各品牌间相互独立；不同的任务有海尔的洗衣机部门着力于开发海外市场，特别是澳大利亚市场、欧洲市场和美洲市场；自己的竞争者如海尔空调在中国市场和国际市场的竞争者就有长虹、美的、松下、格力等。这样的格局，为海尔及其员工的发展提供了广阔的空间。

SBU 是海尔在推进"市场链"的企业再造中引进的一种自主化经营。海尔的 SBU 经营作为一种倡导员工自我经营的领先的经营理念和经营方法，一方面，赋予每个人一片独立创新的天地，可以最大限度地激发员工的潜能、创造性和积极性，实现员工创新空间和自我价值实现的最大化，是一种真正的本能管理模式；另一方面，每个人都是一个市场，每个人又直接面对一个市场，每个人的报酬与他的市场订单直接挂钩，按效分配，体现了市场经济时代分配的公平性。而这正是 SBU 的本质所在。

海尔认为，SBU 就是让每个人都成为一个老板，每个人都成为一个公司，每个人都成为一个经营者，每个人都具有企业家创新的精神。只有这样，海尔的战略才会落实到每一个员工，而每一个员工的战略创新又会保证集团战略的实施，企业才能生生不息，无往而不胜。

SBU 具体的体现就是速度和创新，或者说海尔把速度和创新的目标量化到每个人身上。海尔发展的主题是"速度、创新、SBU"，这是对时代的定位，对管理的定位，对竞争的定位。速度创造用户资源，创新创造用户价值，SBU 创造用户的忠诚度。三者间是递进关系，而 SBU 具体体现的就是速度和创新。海尔要求每个人要好好把握自己，经营自己，成为创新的、自主经营的 SBU，形成企业的核心竞争力，这才是任何竞争对手都不能模仿和复制的。

对海尔员工来说，SBU 意味着要成为创新的主体，应该在为用户创造价值的过程中体现自己的价值，就是经营自我；对企业来说，如果每个人都成为 SBU，形成企业的核心竞争力，这才是竞争对手不能模仿和复制的；对用户来说，意味着在网络时代对企业和品牌的忠诚度。这也就是说，如果每个员工都在创新，用户的需求无论怎样变化，企业都能抓得住用户的心。

海尔推行的 SBU 自主化经营，其关键是增强员工的责任心，提高员工的执行力，而所谓"保证每一种责任都能有人承担，每一个人都能承担责任"，其实也就是责任心和执行力的问题，两者是一个企业员工应该体现的一种负责、敬业的精神，一种有效、完美的执行能力。由此，就引出了如何增强责任心和提高执行力这两个命题。具体的做法如表8-3所示。

表8-3 增强责任心和提高执行力的做法

内容	做法
增强责任心	一是要把个人融入企业，以企业为家，对工作有热情。二是爱岗敬业，认认真真地做好本职工作。三是敢于正视困难，善于解决问题，勇于承担责任，争创一流业绩。海尔认为，SBU就是让每个人都成为一个老板，每个人都成为一个公司，每个人都成为一个经营者，每个人都具有企业家创新的精神。在这一理念指导下，在海尔所有电器的每个配件，哪怕是一根门封条、一枚螺钉、一块玻璃都有责任人
提高执行力	一是端正工作态度。二是通过加强学习和实践锻炼来提高执行能力。海尔要求每个人要好好把握自己，经营自己，成为创新的、自主经营的SBU。海尔企业文化的核心是"创新"，这种创新恰恰就是一种强执行力

责任心和执行力是辩证统一的关系。责任心是前提，是基础，执行力是保障，是关键，执行有效才意味着责任到位。

第九章　企业文化与管理模式

企业文化是企业的核心竞争力，企业文化决定企业管理模式。不同的企业其文化导向不同，采取的管理模式也不相同。要构建以企业文化为导向的管理模式，包括特色管理模式、知识管理模式等，就应该提炼企业文化，并形成诸如管理标准，这样才能真正提高企业的核心竞争力，提高企业的科学化管理水平。

不同的企业文化模式与管理特点

文化管理是一种管理模式，企业文化管理是指企业文化的梳理、凝练、深植、提升。优秀的企业文化管理模式具有其突出的特点，能够带动员工树立与组织一致的目标，从而创造鼓励积极创造的工作环境，会对企业的绩效产生强大的推动作用。

常言道："花有百样红，人各有不同。"每个企业都有自己的文化管理模式和管理特点，并指导着本企业的生产经营实践，也决定了该企业的未来。海尔集团在并购过程中，以文化移植的方式建构了自己的文化体系，因而做大做强，成了行业中的佼佼者。

【案例】 海尔集团并购之路上的文化移植

海尔集团是国内家电企业并购的先驱和典范。在海尔众多的并购中，并购对象选择绝大多数是基于双方文化知识资本的互补性，这些企业往往拥有海尔所需要的技术资本、物质资本和人力资本，但在企业理念、商誉、企业文化上有较多不足，或是由于经营管理不善，组织方式低效，企业文化存在不一致而亏损的企业。因此，文化整合在其中起到了关键性的作用。海尔集团并购三洋电机株式会社就是一个典型的例子。

海尔并购三洋白电（白色家电）业务是对其全系统的并购，包括从企划、开发到制造、销售、售后服务等整个事业体系。全系统并购，等于把三洋白电这张"小网"放进了海尔这张"大网"里，所有业务单元可以无障碍运行。而改革日本传统企业文化，实现文化融合，是保证并购成功的决定因素，全系统并购保证了三洋原有优秀企业文化的传承。与此同时，海尔把互联网时代的企业管理文化——"人单合一"融入日本团队中。

日本企业本身对中国市场的介入很深，而海尔的并购恰恰呈现一种反向趋势。日本企业非常注重团队精神，其年功序列制和终身雇佣制根深蒂固。但在互联网时代，日本传统的企业文化正遭遇越来越大的挑战。海尔在不违反日本法律的前提下改革企业机制：改革原工资体系以及职能式的评价标准，建立了以市场目标为导向的评价体系；改革日本公司能升不能降的人事升迁制度，建立以目标和绩效为导向的机制。

中川勉是海尔日本销售公司的销售主管。按照日本公司传统的薪酬绩效机制，其市场业绩与薪酬并无紧密关系，但薪酬机制改革后，他不能再以完成上级下达的任务为目标，而是直面自己的市场，以创造用户价值为己任。中川勉在经过一段时间的思想斗争后，选择挑战自己，承诺了利润翻番的目标。企划部的科长阿布巧由于成功策划了市场竞争力方案，为企业实现超额利润，被公司提拔为企划部部长时只有 35 岁。在员工感到不可思议的同时，一种更强大的活力正在团队中蓄势待发。

对于海尔"人单合一"双赢文化的认同，保障了并购三洋这种最复杂并购交易的成功，并在最短时间内产生"1 + 1 > 2"的效应。海尔集团首席执行官张瑞敏说："用资金兼并和购买一个企业是非常容易的事情，任何企业都能做到。采用文化战略才能保证成功，其中文化融合是决定因素。"

海尔集团在实施兼并过程中，将本企业的优良文化移植到目标企业中去，通过改造目标企业的不良文化达到盘活资产、低成本扩张的目的。海尔兼并青岛红星电器公司等三个案例还被写入哈佛大学、洛桑国际管理学院、欧洲工商管理学院的 MBA 案例库，这在国内企业中是绝无仅有的。

从上述事实我们看出，海尔并购成功的关键就在于文化移植，而且这种文化移植模式具有鲜明的特点。海尔的文化移植对我们有两点启示。如表 9 –1 所示。

表 9 –1　海尔文化移植的启示

启示	含义
整合能力	整合能力是海尔文化移植成功的根本原因，也是跨文化整合全球资源的核心。从表面看，全球化似乎淡化了文化意识，但实际上却是于无声处进行着不同文化的激烈竞争。组织背后的文化既有统一性，又有两面性；既有差异性，又有共同性；既有变化性，又有稳定性；既有习惯性，又有发展性；既有渗透性，又有独立性。基于工作目标对文化内涵的需求，文化成为海尔不得不考虑的潜在而又至关重要的管理因素。经过文化移植和整合，海尔不但保留了自身特质，还吸收了外部环境中的文化精髓，更体现了海尔的个性和独到之处。正是这种整合能力，使海尔内部环境更加具有凝聚力，使海尔的全体人员的目标、价值、信念、工作态度达到统一和协调。由此可见，组织本身对文化的整合能力是组织可持续发展的重要基础
成长能力	成长能力是跨文化的学习型组织的目标。在全球化科技进步和知识更新的浪潮中，企业通过终身学习，培养并发挥全体成员的创造性思维能力，将是一个极具挑战的重要任务。海尔集团所建构的文化体系，感召激励了海尔的全员学习、全过程学习、团队学习，使海尔成为行业中的佼佼者

总之，海尔的实践充分证明，只有与时俱进的企业才能进行文化移植，引领未来的理念，激发发展活力，并在竞争中取胜。

探索适合企业特色管理的有效方法

中国每个优秀企业的背后，都蕴藏着优秀的管理，这就是中国管理模式。它是管理哲学、管理科学和管理实践的完美融合，它是一个个鲜活而经典的中国企业的成功案例。深圳金蝶国际软件集团有限公司首次提出"中国管理模式"这一概念，并以"激情、专业、团队、共赢"为核心价值观，以激情管理为特色管理方法，开辟了现代企业管理新模式。

【案例】金蝶软件：激情管理

金蝶软件，即深圳金蝶国际软件集团有限公司，是一家上市公司。该公司以引领管理模式进步、推动电子商务发展、帮助顾客成功为使命，为全球超过 50 万家企业和政府组织提供管理咨询和信息化服务。

金蝶公司董事长、总裁徐少春是享受国务院特殊津贴的高级专家，他的激情是业界闻名的。他于 2006 年提出"中国管理模式"这一概念，认为"企业的 CEO 就要像一团火，去燃烧整个世界"，他也将这种如火的激情沉淀到了公司的企业文化中，金蝶企业文化的核心，从以前的"敢想、敢干、敢当"到今天的"爱心、诚信、创新"都是激情文化的体现。激情文化是金蝶公司过去取得成功的重要保证，而且在未来金蝶公司的激情也会一如既往地燃烧下去。

金蝶公司激情管理模式倡导员工主动创新，管理工作注重控制和创新。

金蝶公司员工平均年龄不到 30 岁，且 IT 人才流动性大，年轻人总是希望能在最短的时间内最大限度地实现自我的愿望。针对这一特点，金蝶公司认识到，对知识员工以及知识"资本"的管理，传统的"控制"或"限制"管理模式已经不适应了，于是强调开放与授权的"激情管理"应运而生。

激情管理是通过建立一种以激发知识工作者潜能为主要特征的管理模式，给知识工作者注入激情，使知识工作者更富有创造力和灵感，并为知识工作者提供足够的激励和平台，获得企业效益的最大化。

激情管理是金蝶公司企业文化的核心，也是其有别于其他 IT 企业最显著的"性格"。在金蝶公司，爱心、诚信、创新是激情文化的内核。激情管理带来了富有爱心和团队精神的企业文化。一大批遍布全球的优秀软件和管理人才纷纷涌入金蝶公司，在充满躁动的商业文明和变乱的商业伦理的时代，一支乐业、敬业、崇尚责任感和荣誉观的"英雄主义"的团队是何其吸引人！

此外，金蝶公司还注重将激情管理与另一管理模式——数字化管理相结合。数字化管理就是利用现代先进的信息技术手段，强化企业的基础管理、业务运营和决策控制的能力，实现管理自动化、科学化和规范化。数字化管理的技术手段，加上激情管理的文化元素便形成了金蝶所倡导的现代化管理体系。

金蝶公司作为国内知名 ERP 软件供应厂商，在制度建设方面独具特色，其倡导的"三化"建设，即管理制度化、业务标准化、人员专业化是每一位经理人年度 KPI 考核责任书中必备的一项考核指标，旨在督促各位经理人大力推动方法论建设工作。

以人力资源部为例，每一岗位的工作人员都会将自己工作岗位的职责涉及的方方面面用文字的形式写出操作管理方法来，比如招聘面试流程及规范、人事任命发文规范、人力资源系统管理员操作规范等。就连每年一次的员工体检的组织，都被写成了操作指南，包括体检机构招标、员工名单整理、体检通知发送、体检过程组织、付款等细节，都有明确的要求并配以表格模板。即使是从未组织过员工体检工作的人员，也可以根据相关指南将体检工作正常开展下去。

在金蝶公司内部，对于基层员工设有专项即时奖励奖金，奖励发放额度、对象及奖励缘由由各一级部门负责人自由把握，对特殊贡献者可以进行即时奖励。隐性知识显性化后，企业的管理知识得以沉淀，后续接任者一方面可以根据相关知识手册、操作指南直接开展相关工作；另一方面在日后的实践中也可对相关业务流程、操作规范加以分析，在原知识文档的基础上继续优化，使工作效率和质量进一步得到提升。

金蝶公司倡导的"没有家长的大家文化"，原意就是旨在通过标准化制度、流程、规范的建设，实现制度下的员工自我管理。在公司内部，员工可以畅所欲言，自由发表自己的看法，并在自己的专业领域内自主开展工作，这里没有"家长"，人人都是主管。

如今，金蝶公司的"激情文化"已经融入每一位员工生活和工作的点滴中。不断打破现有的条条框框，永远追求创新，向员工发放期权、建立学习型组织，这都是金蝶公司"激情文化"的体现。在金蝶公司十周年庆典期间，金蝶在内部开展了"金蝶十大激情人物"的评选，公司上下的员工开始翻阅媒体上刊登的资料，才知道原来自己身边的一些不起眼的同事，竟然对工作有如此大的热情，而他们所取得的成绩更是鼓舞人心。

金蝶的激情管理模式是一种成功的管理实践，这个管理实践是稳定的，也是可以复制的。总结金蝶的做法和经验，主要有管理制度、"以人为本"和管理创新三点。具体如表9-2所示。

表9－2　金蝶激情管理模式的经验

方式	做法
构建管理制度或管理标准体系	管理模式从管理制度或管理标准体系的构建开始。管理制度建设是企业管理的基础性工作，没有管理制度，企业管理便是无水之源，无本之木。管理创新之源在于管理制度建设，完美的管理制度是成功管理模式的重要保证。例如，联想管理创新也在于对管理制度的构建。金蝶公司在制度建设方面独具特色，其倡导的"三化"建设，即管理制度化、业务标准化、人员专业化是每一位经理人年度KPI考核责任书中必备的一项考核指标，旨在督促各位经理人大力推动方法论建设工作
要有"以人为本"的管理理念	一个企业能否成功，能否持续发展，归根结底是人才的问题。坚持管理创新就要坚持"以人为本"。如何调动员工的积极性、提高员工的能力等，也从侧面反映出金蝶独到的用人观，即对人才的重视。金蝶激情管理注重"以人为本"，由此带来了富有爱心和团队精神的企业文化。一大批遍布全球的优秀软件和管理人才纷纷涌入金蝶，形成了一支乐业、敬业、崇尚责任感和荣誉观的"英雄主义"的团队
积极进行管理创新	管理模式之所以成功不在于模式本身，而在于不断地管理创新。对任何企业来说，更有借鉴意义的是管理模式创新。唯有创新，成功的管理模式才能持续下去。金蝶的激情管理强调打破现有的条条框框，永远追求创新，向员工发放期权、建立学习型组织，这也是金蝶"激情文化"的体现

　　总之，企业构建特色管理模式，必须全面构建科学规范的管理制度，坚持以人为本的管理理念，不断地进行管理创新，这样才能达到企业和员工"双赢"的境界。

构建基于知识管理的现代企业文化

　　21世纪的经济发展，已不仅仅是一种经济行为，而往往是经济与知识文化的一体化运作。因此，基于知识管理的企业文化是企业获取竞争优势的基础，同时也是知识管理能够顺利实施的必要条件。在这方面，埃森哲公司的知识管理实践具有典范意义。

【案例】埃森哲公司：知识管理实践

埃森哲公司是全球最大的管理咨询公司和技术服务供应商，全球领先的企业绩效提升"专家"。该公司在帮助客户进行行之有效的知识管理的同时，其管理层在内部也进行了成功的知识管理的实践。事实上，埃森哲公司的成功得益于其强大的知识管理系统，而分享知识已成为该公司源远流长的文化。

埃森哲公司在知识管理方面已经有 10 多年的经验。早在 1992 年，该公司就利用基于 Lotus Notes 架构的系统让咨询顾问们可以通过该系统跨越地域和时区的障碍来共享和检索知识。当时存在一个普遍的问题：该系统的负责人主观认为单单靠技术就可以达到知识管理的目的。但是事实并非如此，没过多久，系统中的冗余信息由于缺乏一个标引系统而导致信息的检索变得非常困难。尽管如此，这个系统仍因在跨越地域和时区界限实现全球信息沟通方面的贡献而备受关注。公司员工已经开始习惯于同分布在不同国家和地区的其他同事协同办公。基于 IT 平台共享信息的企业文化已经逐渐形成，但整个信息系统的架构和流程需要重新设计。两年后这种状况得到了根本改观，因为埃森哲设立了专职知识管理经理负责公司知识共享和检索。

目前，埃森哲一支大约 300 人组成的协调团队负责在合适的时间把合适的信息提供给合适的人。这个协调团队的工作目标就是"通过获取、整合、共享和使用公司内部的信息、知识和经验，创建和维护系统化的流程来保证公司总体目标的实现"。该知识管理团队已经成为埃森哲组织学习的中坚力量，确保了公司内部流程之间的无缝结合。

公司高层对于知识管理项目的认同和支持是保证知识管理架构提升和流程改进的先决条件。该公司的知识管理理念认为知识共享是保证公司商业战略顺利实施的基石，正是这一理念的实践让埃森哲知识管理系统的价值日益提升。

埃森哲公司的知识管理系统由 7000 多个经过分类的存储公司员工知识资源和客户经验的数据库构成。这些数据一般都集中在该公司的市场部（如通信和高科技、金融服务、生产制造、资源动力、政府部门）和服务部门（战略和业务架构、客户关系管理、供应链管理、人力资源绩效）。当然，这些知识中有的可供全球取用，有的仅限特定部门使用。

埃森哲拥有的知识储备使其在业内脱颖而出，成为行业的标杆和思想领袖。通过合理运用知识管理，公司可以避免"重新发明车轮"的现象发生。所以，埃森哲公司将继续致力于公司内部最佳实践案例的推广和复用。

埃森哲公司的知识管理实践证明，知识管理不仅会改变企业的管理方式，也会改变人们的工作和思维方式。知识管理并不是简单的对信息技术的利用，而需要建立与之相适应的企业文化环境。基于知识管理的企业文化，就是要构建学习型企业文化、共享型企业文化和创新型企业文化。这三种类型文化的特点和构建方法如表 9-3 所示。

表 9-3　三种企业文化的比较

类型	类型特点及构建方法
学习型企业文化	学习型企业文化有着崇高的信念与使命，追求心灵的成长和自我价值的实现。学习型企业文化是未来企业成功发展的保证，也是基于企业知识管理的企业文化的重要组成部分。构建学习型的企业文化，要强调终身学习、全员学习、全过程学习、团体学习。埃森哲公司作为全球最大的管理咨询公司和技术服务供应商，在帮助客户进行行之有效的知识管理的同时，其管理层在内部也进行了成功的知识管理的实践
共享型企业文化	共享型企业文化鼓励员工与他人分享自己的知识，并促使员工将知识转化为利于企业发展的生产力。知识共享是企业知识管理的出发点和重要内容。构建知识共享的企业文化，首先，企业管理层要成为知识管理的倡导者、参与者。其次，培植新的思想观念和价值趋向，形成自然而然的共享行为，强化知识共享意识。分享知识已成为埃森哲公司源远流长的文化。该公司的知识管理理念认为知识共享是保证公司商业战略顺利实施的基石，正是这一理念的实践让埃森哲知识管理系统的价值日益提升

类型	类型特点及构建方法
创新型企业文化	创新型企业文化的特点是最大限度地发挥人的潜能。创新型企业文化为企业进行知识管理提供了有力的支持和保障。构建创新型企业文化需要建立促进创新的激励机制，营造适宜知识创新的环境。良好的机制与环境是促进创新人才成长、激发创新热情与创新思想的必备条件，企业创新环境的不断改善是企业知识创新不断获得成功的关键。当然，管理层也要有强烈的创新意识，要带头积极参与创新活动，形成上下下下都热衷于创新的氛围。埃森哲公司开始是利用基于 Lotus Notes 架构的系统让咨询顾问们来共享和检索知识，由于该系统中的冗余信息缺乏一个标引系统而使信息的检索变得非常困难，埃森哲公司便设立了专职知识管理经理负责公司知识共享和检索，使这种状况得到了根本改观

总之，构建与知识管理相适应的现代企业文化，就是构建学习型、共享型、创新型的企业文化。只有创建这三种企业文化，才能使知识管理起到提升企业竞争力的作用。

借助企业文化提升企业核心竞争力

优秀的企业文化有助于企业向前发展。借助企业文化提升企业核心竞争力，已成为企业走向市场参与竞争，特别是参与国际市场竞争的必然选择。在这方面，华为公司通过实施跨文化管理战略，引进、吸收和创新企业文化，在国际化的进程中减少了障碍，对华为公司的国际化经营和发展起到了决定性的作用。

【案例】华为公司的跨文化管理战略

跨文化管理，是指与企业有关的不同文化群体在交互作用过程中出现矛盾和冲突时，在企业管理的各个职能、方面中加入相应的文化整合措施，有效地解决这种矛盾和冲突，从而高效地实现企业管理。华为公司掌握了跨文化管理的艺术与技巧。

在规划"华为基本法"时，任正非就明确提出，要把华为办成一家国际化公司。与此同时，华为公司的国际化行动也跌跌撞撞地开始了。2000 年，华为公司正式大范围走出国门。但是，在国内推行成功的华为文化，能否和华为公司的业务一起走向世界，就又成为一个问题。因此，华为公司采取了一系列跨文化管理的措施。

华为公司有意识地将文化灌注到海外的公司。在设立海外代表处的时候，华为公司特意挑选公司性格明显的员工派驻过去担任负责人，让这些负责人起到"播种机和宣传队"的作用。比如华为公司讲究集中优势兵力在自己擅长的领域做擅长的事情，要么不做，要做就做最好的；在战略上是以十当一，"杀鸡用牛刀"，一旦认准就大力去做。华为公司企业文化强大的执行能力，从其曾在短短一年内就在国外建立了 32 个代表处的速度可见一斑。

华为公司国际化战略中的跨文化管理坚持员工本地化。华为公司在全球建立了一流的培训体系，对全球员工进行多领域专业知识的培训，而当地员工也获得了最新技术和专业知识的综合培训，提升了当地的技术水平，为当地培养技术人员，并大力推行员工的本地化。由于坚持员工本地化，所以，即使海外人员比华为公司的人多，文化还是华为公司的。

华为公司国际化战略中的跨文化管理坚持管理本地化。华为公司在国际化的同时也致力于在全球经营的本地化，向本地员工开放管理岗位，使公司在全球形成一个多元化的管理团队，组织各种活动推行跨文化理解，提高团队凝聚力。管理本地化不仅加深了对当地市场的了解，也为所在国家和地区的社会经济发展做出了贡献。

华为公司国际化战略中的跨文化管理坚持研发本地化。华为公司在全球设立了上百个分支机构，数十家研究所，本地员工的数量更是占了大半比例，而且越来越多的本地员工成长为当地的管理与技术骨干，发挥着越来越大的作用。华为公司在当地持续投资，设立销售与服务机构、培训中心、技术支持中心以及工厂，并聘请本地员工。这不仅加深了华为公司对本地市场的了解，而且还提高了当地就业率，促进了当地经济的发展。

在"华为大学"门口，有一块大石头，上面写着"小胜靠智，大胜靠德"，这或许就是华为公司凭借跨文化管理措施走到今天的原因。

华为公司成功实施跨文化管理战略的事实再一次证明：企业的优势来源于企业培育的核心竞争力。核心竞争力的基本特征是难于模仿性、异质性和价值性。而企业文化可以满足企业核心竞争力的这些基本特征。借助企业文化提升企业核心竞争力，可以通过以下途径来实现。如表9-4所示。

表9-4 借助企业文化提升企业核心竞争力的途径

途径	措施
提炼企业精神	树立强大的精神支柱，统一员工的要求，激发员工的创业热情，形成具有自身特色的企业精神，才能为企业的发展指明方向，并以一种无形的方式沉淀下来形成企业的一种行为规范。"华为基本法"是中国企业第一个完整系统地对其价值观的总结，其企业精神为人们所熟知
构建制度文化	企业要根据自己的理念，不断推出适应新的竞争形势的管理制度，例如人本管理的模式、流程再造等，用优秀的制度来保证文化建设的实施。在华为公司跨文化管理策略中，员工本地化、管理本地化、研发本地化都有一套相关的规章制度，从而保证了三者的实现
倡导行为文化	行为文化的倡导可分为两个层次：企业家要有全新的管理行为；员工要有全新的工作行为。华为的"狼性"企业文化，打造了具有很强执行力的队伍
坚持"以人为本"	"以人为本"的管理思想，强调把人作为管理的主要对象，充分尊重人、理解人、关心人，满足员工要求，发挥每个员工的积极性，以求得企业和个人的共同发展。华为公司注重"以人为本"的人才发展战略是其福利体系建立的基础

续表

途径	措施
塑造企业形象	对于企业来说，对企业形象至关重要的是企业的产品信誉。也就是说，名誉卓著、质量上乘的产品是企业形象的最好代表。在激烈的市场竞争中，企业要以优质的品牌产品赢得顾客。华为公司的理念识别主要通过企业愿景、使命和核心价值观体现出来。华为的理念识别与行为、视觉识别相呼应，使企业形象的水平和层次得到提高，产生了巨大的企业凝集力

总之，借助企业文化提升企业核心竞争力是时代所需，更是企业发展所需。提升企业核心竞争力需要运用文化的力量，充分利用一切宣传教育渠道，不断探索更有效的方式方法，以进一步提高企业的整体形象水平，提高员工整体素质水平，从而提高企业的核心竞争力。

第十章　企业文化与营销管理

营销作为企业文化的具体形态，表现在企业的各个方面，包括差异化营销、品牌营销、活动营销、广告营销等。营销管理就是对营销行为的总结，在此基础上重新定位营销策略和营销计划，使之与企业文化产生共鸣，使顾客更好地认识并接受企业文化，并由此促进企业文化的革新和完善。

差异化营销——打造企业文化特色

营销制胜的根本在于创造差异化，而且只有深度差异化才能成为真正勾起顾客欲望、阻击竞争对手的战略利器，文化正是市场营销深度差异化的根脉。因为文化可以最大化地为企业创造市场差异，可以更加有效地进行营销沟通，创造更具个性化的产品体验和品牌区隔。

营销理论与实践证明，由客户价值主张差异化及其市场诉求而导致的各种营销差异化越来越多。其中，小米公司的"饥饿营销"独树一帜，体现了小米公司的企业文化特色。

【案例】"饥饿营销"：小米的营销文化

用于商业推广的"饥饿营销"，是指商品提供者有意调低产量，以期达到调控供求关系、制造供不应求的"假象"、维持商品较高售价和利润率的营销策略。小米公司的"饥饿营销"策略别出心裁，而且效果奇好。

"小米"是第一个敢和苹果系列抗衡的手机品牌。小米公司的企业文化中，"为发烧而生"是企业的产品理念。2011年8月16日，200余家媒体以及400名"粉丝"齐聚北京798D－PARK艺术区，共同见证"发烧友"级重量手机小米手机的发布。小米科技创始人、董事长兼CEO雷军先极其详细地介绍了小米手机的各种参数，展示了其优点，在激起人们的兴趣之后，他表示大量高端定制器件在生产环节很复杂，一时难以满足用户们的需求。在临近结束时，他用一张极其庞大醒目的页面公布出了它的价格：1999元。然而，此后很长一段时间小米并未上市，以致很多人拿不到真机。

小米手机供货紧张，其实只是雷军的"饥饿营销"罢了。小米手机上市之初，按照小米科技之前发出的公告，首批预订小米手机的用户将根据排位顺序支付，完成支付、发货、收货流程。小米手机定价1999元利润不多，这个定价也只是为了吸引别人的关注。等大家都关注小米手机的时候，小米手机再来个供货不足。

果然，到了雷军说的在某天某日某时某分某秒开始抢购的那一天，短短20几分钟，10万台小米手机被抢购一空。

其实，小米公司的"饥饿营销"之所以能成功，是因为小米公司注重打造营销差异化。差异化营销策略包括产品差异化、服务差异化和形象差异化。如表10－1所示。

表10-1　差异化营销策略及实施要点

策略	实施要点
产品差异化	产品差异化是指产品的特征、工作性能、一致性、耐用性、可靠性、易修理性、式样和设计等方面的差异。也就是说某一企业生产的产品，在质量、性能上明显优于同类产品的生产厂家，从而形成独立的市场。小米公司的手机外观好看，操作流畅，像素高，价格便宜，这些都体现了产品差异化
服务差异化	服务差异化是指企业向目标市场提供与竞争者不同的优异的服务。尤其是在难以突出有形产品的差别时，竞争成功的关键常常取决于服务的数量与质量。小米手机坚持"为发烧而生"的设计理念，将全球最顶尖的理念移在客户服务上，小米力争离客户近一点，服务更细一点，生动地将移动终端技术与元器件运用到每款新品
形象差异化	形象差异化是指通过塑造与竞争对手不同的产品、企业和品牌形象来取得竞争优势。形象就是公众对产品和企业的看法及感受。比如小米在产品核心部分与竞争者雷同的情况下塑造不同的产品形象以获取差别优势，模仿苹果的发布会及营销模式，小米公司所宣传的"发烧友"手机定位等

总之，从文化的高度和战略的视角来研究营销活动，有利于我们准确把握营销竞争的本质，实现企业的深度差异化战略，让产品及品牌发挥出更大的市场价值。

品牌营销——企业文化是最响亮的品牌

品牌营销是通过市场营销使客户形成对企业品牌和产品的认知过程。高级的营销不是建立庞大的营销网络，而是利用品牌符号把无形的营销网络铺建到社会公众心里，把产品输送到消费者心里。这就是企业文化的力量。在世界上享有盛誉的联想集团就是品牌营销的代表之一。

【案例】联想：由"中国第一"成长为"全球第一"

联想集团是 1984 年中国科学院计算所投资 20 万元人民币，由 11 名科技人员创办的一家在信息产业内多元化发展的大型企业集团，也是富有创新性的国际化科技公司。从 1996 年开始，联想电脑销量一直位居中国国内市场首位；2004 年，联想集团收购 IBM PC 事业部；2013 年，联想电脑销售量升居世界第一，成为全球最大的 PC 生产厂商。2014 年 10 月，联想集团宣布该公司已经完成对摩托罗拉移动的收购。联想集团由中国第一成长为全球第一的历程，源于它实施了品牌营销战略。

联想在 2001 年的发展大计包括多元化和国际化的品牌营销战略。在当时国际化未能取得好成绩的情况下，联想开始向多个不同业务发展，希望从中找到新市场，从而打入全球 500 强行列。联想选择了与计算机相关的三个业务为重点：互联网、IT 业务和手机业务。通过实施多元化的发展策略，联想在 2001 年 4 月 23 日公布的收益率出现了超额。随后，为了实现"创造世界最优秀、最具创新性的产品"这一使命，联想开始了品牌全球化战略。

联想为了塑造自己的国际化品牌，已经实施了全球化三步走的战略：

第一步，宣布联想全球换标，这其实是品牌营销过程中最重要的定位问题。"联想"品牌最初来自于 1984 年联想创业时的联想式汉字系统，但在它要踏上国际化征程的时候，这个品牌碰到了"天花板"：没有一个简单易行的合法标识，联想在各国的品牌都不能统一，何谈国际化拓展。2003 年，联想全球换标，由 legend 换为 lenovo。中国极具传奇色彩的 IT 企业联想集团改换了它沿用多年的标识，由"Legend 联想"换成"Lenovo 联想"，从而真正迈出了全面国际化并冲击世界 500 强的步伐。

第二步，收购 IBM PC 业务，这是一个让世界震惊的消息，也是对联想品牌的一次宣传。宣布收购 IBM PC 事业部后，联想的任务是整合全球业务，达到协同效应，然后准备实施第三步战略。经过一年多的谈判，联想终于并购了 IBM PC 业务，这使联想走上了一条尽管风险极高但却一跃成为跨国公司的道路。

第三步，借力奥运进军全球。联想成为国际奥委会全球合作伙伴，这一事实也是中国由经济大国向经济强国进步的一个标志，中国品牌开始以更强劲的姿态积极参与到全球化的经济角逐中。作为冲锋在前的联想，进军 TOP 已经拉开了中国企业利用北京奥运会启动体育营销的序幕，而且还成为中国企业利用奥运来营销企业品牌的营销拐点。

事实上，联想集团操作成功的品牌营销，人们围绕这一概念早就展开了热议，当"品牌制胜"概念被提出后，大大小小的企业便"唯品牌是瞻"，各种场合亦言必称"品牌"，似乎个个都是品牌专家、人人都是品牌能手。究竟如何运用品牌营销呢？

其实，从一般性营销技巧中就可以得到"品牌营销"的启示。这里提出营销技巧的几点建议供参考和借鉴。如表 10 - 2 所示。

表 10 - 2　一般性营销技巧

营销技巧	实施细则
提升对"情感营销"的认识	经营者在整体运作时就把品牌定义为追求高品质生活的渠道和传递爱的使者，不仅为品牌旗下产品打上情感烙印，让顾客为品牌而感动，更是让品牌成为家喻户晓的情感传递专家。在工作过程中，员工需要倾注情感，对待客户用心、细心。企业应该建立一套完整的制度，从工作的细节入手，并严格执行。上至企业高层，下至普通营业员，无论是对顾客，还是对同事，有时候工作中往往一个小小的举措，给大家的却是发自内心的感动
与顾客进行情感互动	互动是最能和顾客拉近关系的一种情感联络方式。通过双向沟通，品牌可以和顾客加深感情，加深认识，并找到共同兴趣和需求。品牌缺少了顾客的"参与精神"，就成了缺乏活力与生命力的品牌

续表

营销技巧	实施细则
强化体验管理，拉近与顾客的距离	品牌在具体进行零售店体验管理时，应该以服务为中心，以商品为道具进行令顾客难忘的活动。相比产品的外在视觉表现，体验更关注顾客的内心活动，它能让一个人在情绪上产生波动，并产生品牌印象
增加品牌附加值	品牌附加值的提高，无形之中就等于为企业和潜在顾客搭建了一座桥。品牌附加值的体现不仅在于有设计、工艺和创意的产品，如名称、符号或图案，还包括定位、历史、产品设计、营销理念、企业行为、服务等，以彰显品牌的潜在文化内涵

总之，营销技巧是销售能力的体现，也是一种工作的技能，做营销是人与人之间沟通的过程，宗旨是动之以情，晓之以理，诱之以利。掌握了一般性营销技巧，再做品牌营销就有了坚实的基础。

活动营销——企业文化传播的"发动机"

活动营销是围绕活动而展开的营销，是指企业通过介入重大的社会活动或整合有效的资源策划大型活动而迅速提高企业及其品牌知名度、美誉度和影响力，促进产品销售的一种营销方式。匹克集团通过"悦跑越轻松"活动，很好地诠释了自己的企业文化。

【案例】匹克集团："悦跑越轻松"

福建匹克集团有限公司是一家以"创国际品牌"为宗旨，以"打造百年卓越企业"为目标的企业集团，创立于1989年，至今已有26年的历史。2013年3月，匹克为推广夏季"悦跑"系列男款跑鞋以及"悦跑越轻松"活动，携手互动共同开展了一场华丽的富媒体传播活动，让更多受众了解匹克"悦跑"新品，并加深消费者对匹克品牌的认同感。

活动营销的目标，一是推广匹克 2013 年夏季"悦跑"系列男款跑鞋及"悦跑越轻松"活动；二是提升匹克品牌价值，加深品牌印象。匹克追求的是年轻活力的品牌印象，通过开展"悦跑"活动，号召更多热爱生命、热爱运动的年轻消费者加入匹克的行列。其诠释的是一种青春动感的生活方式，因此通过富媒体传播活动，可加深消费者与品牌之间的紧密度，抓住受众与匹克的共鸣，让年轻男士们在了解匹克、了解"悦跑"的同时，领悟一种全新的健康的生活态度。

活动营销的目标受众是 20～35 岁，月收入 3000 元以上，追求健康生活，乐于将运动休闲与时尚生活相结合的年轻男性消费者。

活动营销的传播策略包括投放策略、媒体策略和创意策略。投放策略是通过兴趣等定向方式，结合通栏画中画联动、自定义视窗以及底浮通栏等多重表现形式，将广告有效推送至目标受众，提升品牌曝光率，扩大匹克对受众的影响和冲击。媒体策略是针对目标受众及匹克品牌的特点，并根据关键字匹配，投放在运动类、男性类、时尚类的网站，借此吸引更多用户关注匹克及其新品，同时加强品牌形象的宣传。创意策略是以广告"匹克：悦跑越轻松"为主要诉求，以鞋底的细节演绎为主要画面，配以时尚动感的渲染元素，从而突出介绍匹克"悦跑"系列跑鞋的搭载动能三角科技，通过底部的科技设计给消费者带来足底的轻松与舒适。

此次广告以蓝、黑为主要色彩基调，以凸显其时代感和科技感。鞋底的分层细节演绎为该广告的主要表现诉求，旨在通过炫动的富媒体表现形式，将"悦跑"系列跑鞋的底部科技设计更加清晰明了地展现在受众面前。流行的颜色保证了消费者的多元化需求，搭载动能三角科技强化了鞋底的支撑力度，使其更具时尚科技感。同时减轻鞋子重量，降低能耗，提升其轻盈度和舒适性。

通过通栏画中画联动、自定义视窗和底浮通栏等多重表现形式，最大限度地将受众与品牌紧密结合，最终实现广告效果最大化。直观的画面展示给消费者切身的产品体验，很好地渲染了产品魅力，充分增加了匹克在男性用户中的吸引力和诱惑力，同时激发了目标受众对品牌的全新认识，进一步深化品牌信息，加强品牌记忆。

从"悦跑越轻松"活动的效果来看，广告投放初期，曝光超 600 万次，受众参与度较高，投放效果较好。

从匹克集团的"悦跑越轻松"可以看出，活动营销可以提升品牌的影响力，提升消费者的忠诚度，吸引媒体的关注度。为此，需要遵循三个步骤，如表 10 - 3 所示。

表 10 - 3　营销活动的步骤

步骤	实施内容
广泛搜集特定消费者数据信息，建立数据库	通过各种渠道收集消费者信息，这些信息包括消费者姓名、年龄、家庭住址、联系电话、家庭收入、健康状况等，建立消费者档案数据库，并对这些数据进行分析整理，把消费者根据需求状况分类，确定目标消费人群。搜集消费者数据信息的渠道包括熟人转介绍、陌生拜访等。匹克集团在开展"悦跑越轻松"活动前熟悉了消费者信息，所以才将消费者定位于年轻男性消费者这一群体
活动营销的组织实施	确定活动的时间、地点后，针对目标消费人群发出邀请。活动营销主要以服务为主，以健康保健理念的宣传，免费的健康咨询、诊断以及消费者喜闻乐见的文娱活动来吸引目标人群参加；通过专家的推荐，消费者对产品良好效果的现身说法以及业务员一对一的沟通，来促成销售。匹克集团的"悦跑越轻松"活动营销其传播策略包括投放策略、媒体策略和创意策略
活动后总结评估及跟踪服务	匹克集团通过"悦跑越轻松"活动，其效果是广告投放初期，曝光超 600 万次，受众参与度较高，投放效果较好。除了活动后的总结评估，还要对购买的消费者进行售后跟踪服务，指导使用，并对使用前后的效果进行比较，形成良好的口碑宣传。对未购买的客户进行继续跟踪，通过一对一的沟通，消除其顾虑，促成销售

总之，活动营销不但是集广告、促销、公关、推广等于一体的营销手段，而且是建立在品牌营销、关系营销、数据营销的基础上的全新营销模式。因此，活动营销堪称企业文化传播的"发动机"。

广告营销——企业文化推广的上佳途径

广告营销是指企业通过广告对产品展开宣传推广，促成消费者的直接购买，扩大产品的销售，提高企业的知名度、美誉度和影响力的活动。宝洁公司的广告营销在传播领域有"西点军校"之称，该公司用广告巩固品牌地位在业界被认为很专业。

【案例】宝洁：用广告巩固品牌地位

"世界一流产品，美化您的生活"，这是宝洁公司在世界各地推广其品牌的承诺。从 1988 年进入中国市场以来，其旗下的众多产品，如飘柔、海飞丝、潘婷、舒肤佳、玉兰油、汰渍和佳洁士等，都已经成为家喻户晓的品牌。宝洁从 2003 年至 2006 年，在央视广告招标中四度蝉联品牌"标王"。

在宝洁的广告营销策略中，每个品牌都被赋予了一个概念，海飞丝的去屑、潘婷的保养、飘柔的柔顺等，然后通过广告传播不断强化。例如，海飞丝使用"头屑去无踪，秀发更出众"的广告语彰显个性；潘婷的个性在于对头发的营养保护，于是就有"富含维他命原 B5，能由发根渗透至发梢，补充养分"；"洗发护发一次完成，令头发飘逸柔顺"的广告，则强调了飘柔的个性。

不仅如此，宝洁还把概念的攻略延伸应用到与竞争对手的广告中。例如，在舒肤佳香皂进入中国之前，力士香皂已是市场上的领导品牌，其产品定位是"美容护肤"。宝洁显然需要重新创造一个概念，通过市场分析与提炼，于是赋予舒肤佳香皂"美容＋杀菌"的概念，并且还通过中华医学会的权威性来增加人们的认可度。在强大的广告攻势下舒肤佳的销量一直上涨，现在舒肤佳已经成为中国香皂市场的第一品牌。

事实上，制造概念成为宝洁打入中国日化市场的一个杀手锏。从宝洁在中国推出的第一个产品海飞丝开始，屡获成功，这说明宝洁公司制造概念不是凭空捏造，而是切实找准产品与市场的定位及其表达，并且作为营销与广告的基础策略之一。

宝洁一旦确立了营销的概念后，相应地便会采取持续较长的广告攻势。即使是市场占有率很高的海飞丝、飘柔等品牌，也继续投入大量的广告费。宝洁的无间断广告策略以持续的广告渲染，使得概念深入人心，逐步培养了品牌的忠诚度，从而也稳固了市场占有率。

宝洁产品属于中高档层次，其品牌定位则是时尚型与品牌精神型的有机合一。宝洁从制造概念开始就已明确了它的产品定位。由时尚型切入，经过不断塑造，宝洁已经延伸到品牌精神行销。比如飘柔关于自信的品牌精神定位，沙宣主导时尚，新品"润妍"则主攻东方女性美。这就是宝洁的产品定位策略，它使得宝洁品牌进入一个较高的境界。

宝洁的广告所塑造的产品形象清新简洁，着重于理性诉求，甚至带有某种模式化。所以有人总结为"宝洁广告＝提出问题＋解决问题"。通常是指出你所面临的一个问题来吸引你的注意，紧接着会告诉你适宜的解决方案，这就是宝洁的策略及其特有功效。宝洁的广告几乎都是在向消费者直接陈述产品的功能，每一个产品都牢牢把握策略的支撑然后进行传播，由此在全世界获得了巨大的成功。同时，也验证了策略比创意更重要。

很多国外厂商和品牌进入中国市场，都要改变原来的营销及广告策略，来适应当地的各种风俗习惯，使人们接受其产品。宝洁公司在中国主要采用常规的广告策略及方式，这是因为这些战略已在100多个国家或地区的市场，经过长期的实践总结并得以验证的。另外，从它的主要产品看，作为家庭普通消耗品，在购买时，人们主要看重产品的品质、使用的效果和价格，文化因素的影响较之其他商品要低得多。所以，宝洁坚持其原来形成的品牌个性，偏重理性诉求和统一化的广告策略。宝洁公司在中国的广告中，大部分产品是由中国普通女性直接陈述产品性能或使用的体会。

宝洁在美国本土的广告中是很少使用名人为其产品进行宣传的。但在中国的广告中明星逐渐增多，如潘婷广告中的章子怡和萧亚轩，海飞丝广告中的王菲、周迅，汰渍广告中的郭冬临等。这也是宝洁在中国广告策略的一个较大的变化。

宝洁公司的广告策略告诉我们，广告创意要让人注意到广告的存在，并且留下深刻的印象。这其实就是广告营销问题。做好广告营销可参照表 10 - 4 所示策略：

表 10 - 4　做好营销广告的策略

策略	实施细则
提升价值，延伸品牌	一种好的产品应该获得支持，而不是受到阻碍。可是如果市场的动态发展已创造出一种需求或欲望，那么乘机延伸出一种品牌，可以视为增加原品牌的价值。如不含糖、不含钠、低胆固醇、不用人工添加剂，丢弃后可生物分解、可回收再利用等。宝洁的广告所塑造的产品形象清新简洁，着重于理性诉求，通常通过指出你所面临的一个问题来吸引你的注意，紧接着会告诉你适宜的解决方案，这就是宝洁的策略及其特有功效
适当的品牌延伸	如果品牌延伸被作为一种对付竞争的方法，这种参与竞争的做法风险很高，而且代价昂贵。企业要通过市场调查来确定这种品牌延伸是否真的符合市场需求。宝洁产品由时尚型切入，经过不断塑造，已经延伸到品牌精神行销。比如飘柔关于自信的品牌精神定位，沙宣主导时尚等。这使得宝洁品牌进入一个较高的境界
分清主次目标	通常主要目标是创造销售业绩或利润。品牌经营的目标是控制整个市场，还是配合某些局部需要？不要让核心产品和它的延伸产品在目标上相互竞争，它们的目标应该优势互补。宝洁公司在中国主要采用了已经得以验证的常规的广告策略及方式，而且根据中国市场人们主要看重产品品质、使用效果和价格等因素，偏重于理性诉求，从而赢得了人们的信赖

续表

策略	实施细则
增加产品的附加值	不论是核心产品还是延伸产品，要给人们一个购买产品的理由，就应该强调产品的优点和特点，增加其价值，消除现有或潜在的不稳定因素，并创造一种让消费者乐于接受的气氛。宝洁公司在中国的广告中明星逐渐增多，如潘婷广告中的章子怡和萧亚轩，汰渍广告中的郭冬临等，这种广告效果增加了产品的附加值
不求最好，只求更好	如果你有创新的企划力和想象力，市场是会有所回报的，因为你的创新势必会吸引大众的注意。抢先进入市场可以获得前驱者的地位，也让你赢得很可能成为市场领先者的优势，不过，如果你成不了第一名，也要比别人好

总之，广告是一种宣传的手段，也是一种让大众了解企业的方式。但是广告创意也必须要注意上述各个事项，这样才可以事半功倍。

第十一章 企业文化与执行力

在企业文化建设中强调执行力，其宗旨是用执行力来增强文化力，用文化力来培育竞争力。通过打造高效执行的企业文化、将高效执行与薪酬和业绩挂钩、有效沟通、提升领导者的执行力等，解决企业文化建设的落地、生根、开花、结果的问题。

打造高效执行的企业文化

企业文化的目标之一是培养全体员工共同的价值观念、精神信念和形成良好风气，这是提高执行力的思想基础。企业文化的另一个重要目标是培养全体员工的共同行为习惯，这是执行力的行为基础。华为从培养"狼性"到维护"狼性"，从"讲到"企业文化到"做实"企业文化，用自身的"狼性"文化证实了高效率、高执行力、高度敏捷的难得。

【案例】华为的"狼性"企业文化

华为的"狼性"文化是企业的精神支柱。华为非常崇尚狼，认为狼是企业学习的榜样。向狼学习，华为在高速成长中并没有出现执行力模糊、整个团队迷失的现象。

狼有最显著的三大特性：一是敏锐的嗅觉；二是不屈不挠、奋不顾身、永不疲倦的进攻精神；三是群体奋斗的意识。同样，一个企业要想扩张，也必须具备狼的这三个特性。作为最重要的团队精神之一，华为的"狼性文化"不单单是口号，而且落实到了行动上。"狼性"与"做实"的企业文化是华为之所以为华为的根本。

华为的企业文化带有鲜明的军事色彩，带给了整个企业军队一样的高执行力。制度规范、奖惩分明、竞争公平、下级对上级高度服从、机构运作效率高、决策执行快，使得华为能在激烈的市场竞争中抓住先机、取得优势，并最终成为强者。

举一个例子就可以看出：华为与中兴在新加坡竞争建网，火拼压价到最后，都准备免费送了，但中兴还是输给了华为。原因是中兴是国企，免费送这种事情要经过层层审批，而华为总裁任正非直接拍板，当时就拿下了。由此可见华为决策和执行的高效率。

团结是"狼文化"的一大特征。华为崇尚群体奋斗，整个组织就是一个坚不可摧的合作团体，成员之间配合默契、合作紧密。华为市场系统流行了多年的"胜则举杯相庆，败则拼死相救"就是对华为团结精神的最好概括。

敏锐的嗅觉是狼最大的特性之一。华为人敏锐的洞察力能够洞悉市场的变化和竞争对手的动向，捕捉到竞争对手无法发现的细节，从而先发制人。

在华为，每个开发人员的办公桌下都有一个床垫，一旦需要加班加点，就睡在公司，这形成了华为独有的"床垫文化"。华为人能坚持艰苦奋斗的作风，像狼那样忍受着高强度的工作压力，兢兢业业，最大限度地发挥自身的聪明才智。

华为的营销团队建设为中国本土企业树立了一个可以学习和借鉴的典范。

华为告诉我们，要成功打造"营销铁军"就得让营销团队充满"狼性"，而且也告诉中国的本土企业"狼性"可以培养，但是这个过程是非常艰巨的。成功没有捷径，从招聘人才到培训人才，再到使用人才，最后激励人才每一个环节都需要企业付出心血。

华为的管理模式是矩阵式管理模式，矩阵式管理要求企业内部的各个职能部门相互配合，通过互助网络，对任何问题都做出迅速的反应。不然就会暴露出矩阵式管理最大的弱点：多头管理，职责不清。而华为销售人员在相互配合方面效率之高让客户惊叹，让对手折服，因为华为从签合同到实际供货只要四天时间，可见其执行之高效。

华为之所以推行"狼性"企业文化，就是要打造一支具有高效执行力的团队。这告诉我们，要想使企业达成和提升执行力，将企业塑造成一个执行力高的组织，就必须首先在企业内建立起一种执行力文化。基于此，我们从三个方面培育企业的执行力文化。如表 11-1 所示。

表 11-1　培育企业执行力文化的措施

措施	实施细则
倡树理念	倡树"视服从为美德"、"执行不找任何借口"、"纪律是敬业的基础"的工作行为理念，营造出"全心全意、立即行动、雷厉风行，负责到底"的工作作风。并以此不断强化企业的准军事化管理，使全体员工思想更加坚定、风格更加务实、执行更加顺畅、落实更加有力、合力更加强劲。华为非常崇尚狼，认为狼是企业学习的榜样。向狼学习，华为在高速成长中并没有出现执行力模糊、整个团队迷失的现象
关注细节	"天下难事、必成于易，天下大事、必做于细"。细节到位，执行力就不成问题。要专注于"时时有标准、处处有标准、人人有标准"的细节。华为人敏锐的洞察力能够洞悉市场的变化和竞争对手的动向，捕捉到竞争对手无法发现的细节，从而先发制人

续表

措施	实施细则
过程与目标的控制	着眼于破除执行过程中的官僚主义作风，各级管理者要转变观念，身体力行，直接参与到安全生产的每一个环节中，亲力亲为地深入一线、参与过程、分析目标、控制结果。领导者以身作则的工作行为方式成为打造卓越执行力的助推器。在华为，每个开发人员的办公桌下都有一个床垫，一旦需要加班加点，就睡在公司，这形成了华为独有的"床垫文化"。华为人坚持艰苦奋斗的作风，像狼那样忍受着高强度的工作压力，兢兢业业，最大限度地发挥自身的聪明才智

总之，企业执行文化的关键在于通过企业文化塑造和影响企业所有员工的行为，进而提升企业的执行力。企业的竞争就是执行力的竞争，而执行力的有效性需要良好的企业执行力文化做支持，这是企业区别于其他企业的不可被模仿的关键成功因素，也是强化执行力的必要条件。

高效执行必须与薪酬、业绩挂钩

执行力是直接影响企业发展速度、工作效率、盈利能力等的至关重要的因素。要落实经营战略，提高工作效率，提升盈利能力，必须将高效执行与薪酬业绩挂钩，再借助于科学的、高效的、规范的管理系统，即以战略为导向的绩效管理系统。如果没有这样一个管理系统作为执行力运营的基础，或者撇开管理系统来谈执行力，那么企业管理的执行力，就会成为无源之水，无本之木。百度的薪酬体系与股票期权把薪酬与绩效连接起来，并使两者之间的关联透明化，符合高效执行的根本之道。

【案例】百度的薪酬体系与股票期权

百度的薪酬结构主要包括保障性薪酬、变动薪酬和股票期权三大部分，此外还为员工提供额外的福利。

百度的保障性薪酬与员工的业绩关系不大，只与其岗位有关。变动薪酬则与员工绩效紧紧挂钩，依照员工的业绩在公司范围内评选季度的或年度的"百度之星"。这虽只是一种荣誉的给予，但也影响到年终绩效加薪的考核，而年度奖金发放和绩效工资变动，也是依照当年绩效考核的成绩赋予相应的绩效加薪。

百度的股票期权在1999年公司成立之初就被纳入薪酬制度中。与其他的高科技网络公司如搜狐、新浪不同的是，百度的股票期权计划是所有员工都享受的，连公司的前台员工也被纳入这项计划之中，这是百度公司给予员工的最好的福利计划了。

百度公司的股票期权计划目的在于使员工的目标定位在远期的回报上，而不过分强调现期的收益。在员工任职时，公司将两套薪酬方案摆在员工面前供其选择。一是"较低的基本工资＋较高的股票期权"；二是"较高的基本工资＋股票期权"，当然这个"高、低"水平的界定仅就这两套方案比较而言。此外，公司规定赠予的股票期权要分四年拿到，员工在入职的第一年可以获得全部期权的1/4，而从工作的第二年开始，每过一个月员工能获得1/48的期权。2004年初，公司内部又对员工所持有的期权做了进一步的裂股，由一股分为两股，这也是在公司上市前给予员工的最后一次福利。就在2005年8月百度上市成功之时，整个业界都被百度震惊了，就是这五年前被百度许多员工所不解的期权制度，使得近200名员工成了百万富翁。可见股票期权所带来的激励效用是不可忽视的。

百度公司还提供了多样的员工福利项目。如高科技公司工作强度大且时间较长，公司就为员工提供免费早餐和报销加班交通费，对于一些工作任务特殊的员工还实行通信费用报销制度。除了给员工上的法定保险外，公司还另外出资为员工购买其他一些商业保险项目。公司从 2005 年初开始就在全国范围内招聘保健医生，以解决员工的身体保健、心理保健等问题，这也是百度"工程师文化"的突出表现之一。

百度公司的薪酬管理是十分完善和独特的，面对大型国有企业、跨国公司的强势揽才和新兴民营企业的高薪招聘，同样保持着其企业的竞争力，达到了企业与职工双赢的目标。这是值得企业学习和借鉴的。但绩效管理系统提升企业执行力不是一蹴而就的事情，更不是立竿见影的事情。而建立"基于价值链的绩效和薪酬激励体系"，对于企业解决高效执行力问题是一个有效的办法。具体来讲，需要解决好几个层面的问题，如表 11 - 2 所示。

表 11 - 2　企业获得高效执行力需注意的事项

事项	内容
目标预期	将企业的战略要求有效地转化为各业务板块和各个环节的明确指标。百度公司的股票期权计划目的在于使员工的目标定位在远期的回报上，而不过分强调现期的收益
价值匹配	将部门职责、员工职责与价值链各个要素紧密联系起来，创新性地解决部门职责、岗位职责、部门绩效、岗位绩效与"价值链通畅、有竞争力"要求的价值匹配问题。百度的股票期权计划是百度公司给予员工最好的福利计划，所有员工都可以享受
牵引机制	为各级员工及时、主动地按照价值链接要求调整自己的行动目标、行动方案提供一个有效的市场机制，以有效地提升执行力。百度的变动薪酬、赠予股票期权、出资为员工购买保险等，都建立了相应的制度和机制，这些都带来了不可忽视的激励效用
评估机制	将总结评估的结果在企业的执行力提升、业绩增长和员工个人的薪酬回报中体现出来，以真正体现薪酬和业绩对高效执行的带动意义。百度评选"百度之星"是绩效加薪的一种方式，有助于调动员工高效执行的积极性

事项	内容
绩效导师	建设一流团队，有效增强团队凝聚力，是各级管理者的一个重要任务。一个冷漠的管理者，所得到的仍然是下属在低层次需求上的物质利益驱动，难以得到他人在工作上全身心的忘我投入。因此，各级管理者不仅是员工的上级领导，更要成为员工的绩效导师，帮助员工提高能力，改善绩效。百度公司招聘保健医生解决员工身心保健问题，就是百度"工程师文化"的突出表现之一，身心健康自然有利于改善绩效

总之，运用基于价值链的薪酬激励机制和体系，可以很好地解决在动态环境中让各级员工协同创新、协同创造价值的问题，从而实现高效执行，推动企业向前发展。

高效执行需要有效沟通

良好的执行力是一个成功企业的标志，而有效的沟通是提高执行力的基础和切实保障。企业管理者要牢记"沟通是企业生存的灵魂"的观念，使一切交流与沟通都能够在公开、透明、自由的气氛中充分展开，从而为促成组织的高效执行创造积极条件。美国通用电气公司（GE）前任总裁杰克·韦尔奇说："管理就是沟通、沟通再沟通。"这句话深刻指出了有效沟通的重要性。

【案例】通用电气公司：多种方式的直接沟通

通用电气公司（以下简称"GE"）的沟通渠道是多样化的。在企业文化建设中，GE 前总裁杰克·韦尔奇提出了"无边界行为"理念，提倡员工之间、部门之间、地域之间互相进行沟通，汲取新思想。事实证明，"无边界行为"不但不会与有序的组织管理发生冲突，反而为 GE 创造了一种自由、轻松、平等的沟通文化环境。

电子商务为日常的沟通带来了便利，但传统的沟通渠道并没有因为科技手段的创新而落伍，在 GE，传统与现代的沟通渠道紧密结合。网上交流、电话交流、面对面交流、便笺式交流等传统与现代的交流方式在 GE 共存，目的只有一个：让信息畅通、沟通顺畅。

"门户开放政策"的主要精神是利益均沾，机会平等。GE 是奉行"门户开放政策"最坚决、最彻底的公司之一。杰克·韦尔奇最"痛恨"的就是那些平时摆出一副官僚主义、"经理架子"的人。他制定了一些制度，坚决杜绝那些在公司中"摆谱"的人，将那些"摆经理架子"的人赶出公司。因此，"门户开放政策"在 GE 得以坚定不移地实施，成为上下级沟通的有效渠道，员工可以随时进入管理人员的办公室与之交流，管理人员也会细心了解员工的意见，并及时给予回复。

此外，圆桌会议、全体员工会议、优秀员工座谈等集体的沟通活动每天都在进行。GE 中国公司的首席培训官白思杰，经常要为各业务集团的经理人设计培训课程，他把集团内的培训经理看作自己最大的客户，通过会议与他们保持有效的沟通。"我们会保持经常的交流，我会参加他们的会议，会见各个业务集团的负责人，试着了解他们的人才需求"。他还从培训经理那里，拿到各个级别领导力培训项目的候选人名单。"因为培训中心并不了解业务集团的具体情况，哪些人适合参加什么培训。而他们有人才库的储备，会提出合适的人选"。

"群策群力"会议是针对员工召开的一种座谈会。座谈会上，公司会邀请几十名员工参加，并聘请公司外部的专业人员，如大学教授，来启发和引导员工进行讨论，而员工的上司并不在场。

在"群策群力"会议开始时，经理可能到场提出一个议题或安排一下议程，然后就离开。由外部人员启发与引导员工进行自由的讨论，员工可以把自己的问题列成清单，认真地对这些问题进行讨论，准备好在经理回来时向经理反映。外部的专业人员是 GE 高层慎重确定的，在他们的帮助下，员工和经理之间的交流变得容易了许多。在"群策群力"会议上，GE 要求经理对大部分问题必须当场给予员工明确的答复。有了"群策群力"会议，许多技术与管理上的问题都在平等而热烈的争论中得以迅速解决。

GE 成功的沟通方式，打造了公司的沟通文化，提高了公司全员的执行力。沟通渠道的畅通对提升执行力既然如此重要，那么采取什么方法才有效呢？结合通用电气公司的经验，我们总结出几点建议，如表 11 - 3 所示。

表 11 - 3　企业打造沟通文化的方法

方法	实施细则
了解团队，区别沟通	沟通是建立在我们对团队的成员充分了解的基础上的。为此，应该建立团队成员档案，内容包括技能、工作经历、执行力等。GE 中国公司的首席培训官白思杰经常从培训经理那里拿到各个级别领导力培训项目的候选人名单。"因为培训中心并不了解业务集团的具体情况，哪些人适合参加什么培训。而他们有人才库的储备，会提出合适的人选"
让团队了解自己	作为一个管理者，既要去了解自己的团队，也要努力让团队了解自己。如果一个管理者，能够让团队成员清楚了解到自己的行事风格、执行要求、效果检验标准等信息，团队成员就会努力地向自己所要求的方向上去靠。"门户开放政策"在 GE 得以坚定不移地实施，成为上下级沟通的有效渠道，员工可以随时进入管理人员的办公室与之交流，管理人员也会细心了解员工的意见，并及时给予回复
搭配团队，互补执行	合理搭配团队，是为了让执行团队的成员之间，能够在理解和执行的事项上形成互补，能够在执行的意愿和态度上形成相互的促进。如在执行重大的指令时，应该有可以在沟通理解、执行技能、执行意愿等方面形成互补的团队成员助战。GE 的"群策群力"会议是针对员工召开的一种座谈会，使许多技术与管理上的问题都在平等而热烈的争论中得以迅速解决。这样做显然有利于团队之间搭配团队，互补执行

总之，完善沟通平台，营造宽松的沟通文化，让信息畅通，可以有效提升执行力，也是建设执行力文化必不可少的重要环节。

高效执行要求提升领导者执行力

高效执行就是对于组织布置的任务，没有借口，坚决完成；在规章制度面前，不搞变通，不打折扣，说到做到，做就做好，言必行，行必果。高效执行要求提升领导者的执行力，因为企业领导者执行能力的高低直接影响他带领的团队的业务工作水平。那么具备高效执行力的领导者应该有什么样的表现呢？我们来看看联想集团是如何做到"说到做到"的。

【案例】 联想集团如何做到"说到做到"

联想董事局主席柳传志说："'联想之道'意味着，我们说到做到，尽心尽力。'说到做到'并不仅仅是一种态度。当我们提出一个目标时，会仔细考虑，确切知道应该如何做才能达到这个目标。"事实上，"说到做到"已经成为联想集团的核心价值观。

建立一个中西共同承认的核心价值观对于一个国际化经营的企业来说至关重要。"文化是软东西，但你非要用硬的方式来抓。"柳传志如是说。之所以有这样的决心，是因为董事会屡次发生不按既定指标完成任务的情况。为了改变这种情况，联想把"求实"两个字放在了非常重要的位置，也就是要"说到做到"，想清楚再承诺，承诺了就要兑现。

基于这一点，联想总结了"5P原则"，作为核心价值观的内核：想清楚再承诺（Plan before Wepledge）；承诺就要兑现（Perform Aswepromise）；公司利益至上（Prioritize Company First）；每一年、每一天我们都在进步（Practice Improving Everyday）；敢为天下先（Pioneer Newideas）。

1984年，还很少有人谈及诚信理论，或者把诚信放在一个重要位置。而那时联想就已经奉行"说到做到"的原则了。从联想第一次向银行贷款100万元开始，就从来没有推迟过还贷。当然，按时还钱是要付出代价的，也不见得马上会有成果，但联想始终都坚持这么做。为什么联想能够有今天"令旗一举，三军皆动"的局面？柳传志说："这缘自领导信誉的形成。"

联想开会不许迟到，凡是开会迟到的人，如果事先没有请假，要先罚站一分钟。这是很严肃的一分钟，所有人都在看着迟到的人，会议室里静得像默哀一样，那种感觉很难受。

柳传志说："这里面我大概被罚了三次，三次其实不算多，因为我开会最多。有一次电梯坏了我被困在里面，叮叮敲门，叫人去给我请假，最后没人，这种情况也是要罚站的。"联想从几百人发展到现在的上万人的规模，始终如一地坚持执行着这项规定。之所以能够这样，关键是联想的领导班子做出了榜样。

柳传志有一次飞赴欧洲考察，在联想德国的办公室里，他放眼望去全是高鼻梁、白皮肤的外国人，这些人用颇为惊讶的眼神打量着这位传说中的创始人。在考察过程中，柳传志问一个联想高管（欧洲人）："此前为什么常常达不到预定的业绩目标？"

这位高管羞赧地回答："阿梅里奥给出业绩目标时，问大家能不能达到，大家出于对他的尊重，而没有基于现实考虑就答应下来，而这些目标最后很难达成。"

柳传志更加疑惑地问："那阿梅里奥最终怎么办？没有一点责罚措施？"

欧洲高管更加不好意思地说："我们向阿梅里奥分析了种种失败的理由，他认为这些理由比较充分，就不了了之。"

听到这样的回答，柳传志不禁倒吸了一口冷气。企业盛行这种"说到做不到，最后不了了之"的文化，业绩焉能不垮得一塌糊涂？要知道在过去，凭着"说到做到"的强大执行力，老联想人在中国本土战胜了比自己强大好几倍的对手！

随后，柳传志精心准备了五张照片到欧洲联想去讲故事。第一组照片是联想在1989年办的养猪场，在肉价高涨时保障员工基本生活。第二组照片是著名的"联想72家房客"。第三组照片是2000年联想上市之后，公司有2000多名员工买了车、买了房。第四组照片展现的是联想退休员工的待遇情况。第五组照片是联想的高管团队。

柳传志对欧洲员工说："联想今天的这些高管都是自己培养的人，而不像有些国际企业，用的时候奖金特高，一旦不用立刻走人。而联想是认真注意培养人的一家企业，是真正以人为本的企业。"

此后不久，柳传志收到了一封来自欧洲员工的邮件："您的演讲，不仅让我很佩服，而且也打动了我。我想去中国看看，亲身体会一下联想总部。"这名欧洲员工最终如愿以偿，柳传志还与他见了面。

柳传志从欧洲回来，发现欧洲员工与中国员工说的话都一样了，都能说到做到，尽心尽力了，心里很宽慰。他曾经对记者说："这不光是对能力的要求，更是一个承诺，现在每次开董事会的时候，我内心都很高兴，拿到的东西，都超过了预期。"

在联想集团国际化的进程中，"说到做到"这句话，执行得相当到位。老帅柳传志在2009年联想集团出现巨额亏损时，重新复出担任董事局主席之际，就向全体联想集团高管和员工重申"说到做到"这一要求。随后，在有了执行力保证之后，联想集团扭亏为盈，并创下了连续8个季度业界最快增长速度。

"说到做到"这句话同样体现在联想的践行社会责任方面。比如，"世界因联想更美好"是联想的愿景，"员工援助计划"是为员工及其家属（配偶及18岁以下子女）出资购买心理健康服务项目，"公益创投计划"通过提供资金和能力建设等方式支持公益组织发展壮大，"青年公益创业计划"活动在青年群体中引发了强烈反响。中国社会科学院城市与环境研究所所长潘家华研究员说："我们的社会，需要多一些像联想（中国）这样的企业对社会与环境责任的'承担'。"

说到做到是企业执行力的核心要素，也是一个企业生死存亡的关键因素。联想倡导"说到做到"的企业文化，值得企业学习。

执行力通俗地讲就是"抓落实的能力"，是领导干部贯彻落实上级战略决策、方针政策和工作部署的操作能力和实践能力。可以通过以下方式提高执行力，如表 11－4 所示。

表 11－4　提高执行力的方式

方式	实施细则
加强制度规范，确保方向正确	制定完善的制度规范，并进一步强化制度约束的严肃性，才能有效地提升决策的执行力和执行效果，这是提升领导执行力的前提。1984 年，联想就开始奉行"说到做到"的原则，并据此制定了许多相关制度，从而形成了"令旗一举，三军皆动"的局面。柳传志认为"这缘自领导信誉的形成"
充分授权，确保机制顺畅	领导者不要事无巨细都亲力亲为，甚至是不分主次。充分授权本身既是对下属能力的信任和尊重，也是一种有效的激励手段。联想对管理者提出的口号是：你不会授权，你将不会被授权；你不会提拔人，你将不会被提拔，要从制度上保证年轻人有机会脱颖而出
强化过程监督，确保工作到位	在布置或者分配任务的同时，有没有充分有效发挥好自身的监督控制作用，有没有及时地纠正政策或决策执行过程中的偏差和错误，这才是有效提升领导执行力的关键。联想开会不许迟到，凡是开会迟到的人，如果事先没有请假，要先罚站一分钟。联想从几百人发展到现在的上万人的规模，始终如一地坚持执行着这项规定。老总柳传志说自己大概被罚了三次。之所以能够这样，关键是联想的领导班子做出了榜样

领导者在企业中是非常重要的，他们的执行力会直接影响着企业的发展，没有执行力的企业管理者也不能把企业管理好，更不能有一个好的发展。领导者要明确一客观规律，然后有意识地去提升自己的执行力，这样才是对企业最好的发展。

第十二章　企业文化与学习型组织

企业未来唯一持久的竞争优势，就是具备比竞争对手更快速学习的能力和应变能力。美国《财富》杂志指出："未来最成功的公司，将是那些基于学习型组织的公司。"学习是企业发展的根本，建立学习型组织，是未来企业发展的新模式。

学习能力是决定企业未来的关键

学习能力是企业最重要的竞争力，决定着企业的发展和未来。海尔因为有及时更新观念的学习能力，所以才有越来越不一样的表现，以至于成为20世纪 90 年代以来国际管理思潮在中国理论与实践相结合的最好典范。

【案例】海尔集团更新观念的学习能力

海尔集团首席执行官张瑞敏说："观念的更新与领先决定着企业的命运，没有思路就没有出路。只要找对了路，就不怕路远。"张瑞敏是这样说的，也是这样做的。海尔公司正是在他的这种观念指导下，通过不断学习和探索，开辟出了一条又一条新路。

电冰箱能够打入日本市场的事例是少之又少的，美国的企业和中国的企业，生产的冰箱基本上都没有办法进入日本市场。一来日本人爱用国货，二来日本家电用品的生产其实是非常强的，但是海尔集团看到了一个机会。什么机会呢？海尔集团生产出来一种电冰箱，女孩子们可以把专用的化妆品放在冰箱里面，这样，她们只要一打开冰箱的门，就可以直接化妆。

过去，日本的女孩子，或者是家庭主妇，或者是职业妇女，通常是在卧室里面化妆，化完妆之后才从卧室里出来。可是，如果碰到炎热天气，当她们走到客厅的时候，妆就化掉一半了。但是，海尔集团设计的这款冰箱，让女孩子们将化妆的地点从她们的卧室移到了厨房，一方面方便了她们化妆、打扮、享受，另一方面又可以让化妆品保持品质，因为冰箱有冷藏的功能。过去，日本女性的化妆品都是放在化妆盒里面的，很难真正保持化妆品的品质。

就这样，海尔集团将冰箱打入了日本的市场，获得了日本女性的喜爱，而且获得了很高的市场占有率，在日本市场上具有很强的竞争力。

在美国，海尔集团还有一样产品具有很高的市场占有率，那就是小家电。比如，携带式的小冰箱在美国的市场占有率达50%，这个产品也是海尔集团开发出来的，这种产品在美国很受欢迎。

曾经有人问张瑞敏先生："你觉得企业最重要的竞争力是什么？"张瑞敏非常郑重地回答："是学习能力。"张瑞敏的一句话就扣中了企业的命脉，难怪海尔可以做得那样大。

企业的学习能力主要由三个非常重要的步骤构成：提炼、传承、创新。培养和提高企业的学习能力，可以按照这三个步骤来进行。如表12－1所示。

表 12 - 1 提高企业学习能力的步骤

步骤	内容
提炼	学习能力的基础是提炼能力，即将个别好的经验、好的方法归纳总结起来，并在此基础上找到规律，以便指导未来的组织工作。张瑞敏说："观念的更新与领先决定着企业的命运，没有思路就没有出路。只要找对了路，就不怕路远。"这就是张瑞敏的一个"提炼"动作
传承	一个很好的方法、经验，如何能够让组织中更多的人掌握，这就是传承。海尔冰箱打入日本市场，打入美国市场，又打入世界其他市场，就是海尔"坚持以用户需求为中心的创新体系"的一种传承
创新	创新应当是一种机制、一个系统、一套方法，创新就是要在提炼、传承的基础上不断改进，从而实现本质上的进化。海尔集团经过 30 年创业创新，从一家资不抵债、濒临倒闭的集体小厂发展成为全球白电第一品牌，秉承锐意进取的海尔文化，以创新独到的方式优化了人们的生活和环境质量

总之，企业的学习能力的强弱关系到企业未来的竞争力，这是当前国内企业应普遍重视的问题。只要注重总结经验的提炼能力，传授经验的传承能力，不断改进的创新能力，就能使学习能力得以培养和提高并形成核心竞争力，从而赢得未来的胜利。

知识经济时代的到来需要学习型组织

学习型组织是顺应工业经济时代向知识经济时代发展的现代管理理论，被国际企业界誉为面向 21 世纪的企业管理"圣经"。它是指通过培养迷漫于整个组织的学习气氛、充分发挥员工的创造性思维能力而建立起来的一种有机的、高度柔性的、扁平的、符合人性的、能持续发展的组织。

目前很多企业都在努力建设学习型组织，以此克服组织"智障"，提高组织智商。联想集团建设学习型组织的方式及机制就是一个范例。

【案例】 联想集团建设学习型组织的方式及机制

联想成功的原因是多方面的，但不可忽视的一点是，联想极富特色的组织学习实践，使联想能顺应环境的变化，及时调整组织结构、管理方式，从而健康成长。联想集团存在以下几种组织学习方式：

一是在合作中学习。联想与多家国际大公司建立或保持良好的合作关系，如 HP、Intel、Microsoft、东芝等，并把向这些合作伙伴学习作为实现自己战略目标的重要步骤。学习他人之长，培养本土人才，提高企业综合竞争力一直是联想的学习脉络。套用柳传志的一句话："不长本事的事不做。"

二是向竞争对手、同行或不同行的优秀企业学习。联想对硅谷公司有深入的分析，认真探索了 IBM、COMPAQ 等竞争对手的长处与短处。甚至向不同行的优秀企业如海尔的服务方式学习。

三是向用户学习。联想的免费热线不仅用于回答用户的问题，而且通过主动电话回访，从用户那了解市场需求，以作为联想了解市场、获取市场信息的重要手段。

四是从联想的过去学习。联想是一个非常善于从自己过去的经验中学习的公司，不仅总结过去的成功与失败，而且追本溯源，总结出很多规律性的管理经验，如"鸵鸟理论"、"贸工技三级跳"、"管理三要素"、"一个目标、三步走、五条战略路线、六大事业"等。

在不断向别人、向自己的经验学习的同时，联想在组织内部也形成了几种朴素但行之有效的组织学习机制：

一是开会。联想会多，大会小会如誓师会、总结会、研讨会、协调会、工作会等。通过会议达到沟通、交流与磨合。联想的会不是流于形式的，而是讲究实效的。

二是教育与培训。联想有较完善的教育培训体系，从新员工的"入模子"培训到高级管理人员研讨或管理培训、从专业技能培训到理论务虚研讨，无论老总还是员工都有充分的培训机会。除培训外，联想还注意引导员工走向自觉学习。

三是领导班子议事制度。如每周一次总经理晨会，每月一次总经理例会，每季一次总经理沙龙，每种会有不同的层次议题，形成"把问题放在桌面上谈"、"自己看不透的事听别人的，自己想透了但别人没明白时得设法让别人明白"、"问题谈开谈透再行动"等朴素而有效的议事方法。

四是委员会和工作小组。由不同部门领导和专家学者组成的投资委员会和技术委员会，在客观上促进了学习型组织的发展和完善。

联想集团学习型组织的方式及机制，鲜明体现了学习型组织的基本特征。学习型组织作为知识经济时代对企业的一种要求，应该具有这样的一些特征。如表 12 – 2 所示。

表 12 – 2　学习型组织的特征

特征	含义
人员精减	所谓人员精减，就是使每个员工都具有一专多能的本领，创造出组织的高效率和高效益。联想集团的委员会和工作小组，由不同部门领导和专家学者组成，在客观上促进了学习型组织的发展和完善
结构扁平化	从最上决策层到最下操作层互相学习，进而产生巨大的创造力。联想集团通过各种会议达到沟通、交流与磨合，能够形成一个互相学习、整体互相思考、协调合作的群体
富有弹性	强调对瞬息万变的环境具有极强的适应能力，能够迅速地调整自己。联想集团的领导班子议事制度，开创了"把问题放在桌面上谈"、"自己看不透的事听别人的，自己想透了但别人没明白时得设法让别人明白"、"问题谈开谈透再行动"等朴素而有效的议事方法
自我超越	联想能不断地创造自我，创造未来，即有能力超越自我，不断提升组织和员工的境界，使员工活出生命的意义。在联想集团，无论老总还是员工都有充分的培训机会，联想还注意引导员工走向自觉学习

续表

特征	含义
善于不断地学习	这是学习型组织的本质特征。这里说的学习不仅仅是读书、培训等狭义上的学习，而是在系统研究组织、作业项目或产品基础上的广义上的学习。联想集团通过从合作中学习、向优秀企业学习、从自身的过去学习等方式，从未间断学习

总之，学习型组织是时代所需，是企业发展所需。企业要通过迈向学习型组织的种种努力，引导出一种不断创新、不断进步的新观念，从而使组织日新月异，不断创造未来。

创建学习型组织的方法

我国企业目前还处于粗放型管理向集约型管理转轨阶段，不少企业组织结构"大而全"、"小而全"，管理形式、管理方法和手段落后。要改变这种管理现状，提高我国企业竞争力，推行"学习型组织"是一个有效的途径。在这方面，江淮汽车公司为我们提供了一个样本。

【案例】江淮汽车公司创建学习型组织的实践

江淮汽车公司自1996年开始以学习型组织理论来指导企业的发展，至今已坚持10年有余，创造性地应用了很多行之有效的方法与工具，也取得了举世瞩目的成效，对于企业发展起到了积极的推进作用。他们将学习与创新作为保持组织肌体健康的长效机制，作为企业发展、实现JAC（江淮汽车）愿景的"成长基因"。这已经被写进《JAC宪章》，成为江淮汽车公司发展的一条基本路线。

江淮汽车公司创建学习型组织的实践包括四个方面：

一是领导真正重视，洞悉学习型组织的本质真谛，保持清醒的头脑与开放、学习的态度。江淮汽车公司董事长左延安不仅认识到了学习型组织的真谛，志从高远，胸怀大志，而且保持对现状的清醒认识，并有务实求真、积极实践的勇气、毅力与智慧，不断向世界优秀企业和国内同行学习，并勇于创新。有这样的领导，是他们创建学习型组织能够坚持十年并取得成效的关键原因之一。

二是脚踏实地，务实求真。江淮汽车公司在创建学习型组织之初和整个过程中，根据自身情况，学习借鉴、积极实践，创造出了很多简单但行之有效的做法，例如"品格教育"、"蓝色托盘"、"40＋4"等，走出了一条中国企业创建学习型组织之路。尤其值得一提的是，他们在创建之初，从员工的基本品格教育开始，耗时数年，为员工素质的提升奠定了基础，也形成了特有的企业文化，提高了员工的凝聚力；之后，他们推出了带有强制性的"40＋4"全员学习制度，并坚持数年。

三是学习借鉴，锐意创新。为了推进学习型组织的创建，江淮汽车公司专门成立了学习型组织研究会，指定专人负责相关协调、促动等工作，他们亦多方学习最新的理论、方法与工具。尤其难能可贵的是，他们在学习中借鉴，不是照搬照抄，而是根据实际情况进行灵活创造，例如，他们学习借鉴了"学习实验室方法"，但并未拘泥于国际上一般对学习实验室的应用方法，而是大胆创新，将其作为整合各种管理工具与方法的"集成器"，作为协调各种学习型团队活动的平台和框架，取得了非常好的成绩。

四是建立机制，形成习惯。建设学习型组织绝非一朝一夕之功，关键在于建立机制，形成习惯。江淮汽车公司内部已经建立起了制度化的共享机制，也初步形成了反思的习惯（"每战必反思"），重点更是突出"内化"，要将观念转化为方法，将准则转变为制度、流程，并演变成为思维习惯。

创建学习型组织需要针对企业的具体情况而定。从江淮汽车公司的经验来看，若要创造出一个现代化的学习型组织，在企业中至少需遵循以下步骤。如表12-3所示。

表12-3 创造学习型组织的步骤

步骤	内容
增强组织的积极性	当我们用高压与逼近的方式来经营组织时，带来的往往是成员的反抗。相反地，我们若以温暖、和蔼的态度去对待成员，则组织将会展现出其开放性与协调性。江淮汽车公司董事长左延安倡导不断向世界优秀企业和国内同行学习，并勇于创新。有这样的领导，无疑增进了学习型组织的积极性，也是他们能够坚持十年并取得成效的关键原因之一
在工作场所能安然地思考	创造良好的学习环境需具备三项必要备件：一是共识的结构。组织能建立起一个完善的体制，有良好的规范，促使成员展开具有影响力的行动。二是教育。促进成员接受教育，并且支持他们的问题。教育乃意味着帮助成员成功，而非帮他们做事。三是解决问题的能力。将解决问题当作一种生活方式。江淮汽车公司专门成立了学习型组织研究会，指定专人负责相关协调、促动等工作。这种方式对企业创造良好的学习环境是必要的
奖励冒险	每一次新的危机都是学习的机会，可促使组织获得更多的成功。适当的危机是进步与成功的原料。在组织中建立冒险的文化，是组织继续生存与发展的要素之一。江淮汽车公司学习借鉴国际上学习实验室的应用方法，但能够大胆创新，将其作为整合各种管理工具与方法的"集成器"，作为协调各种学习型团队活动的平台和框架，取得了非常好的成绩
协助成员成为彼此的学习资源	组织中的成员是彼此相互学习的最大资源，在组织中倘若能善加运用，则往往在提升组织效能上，可发挥出极大的效用。在这方面可先经由成员的自我评价，以深入反思其本身的各项能力与专长，再经由小组资源目录的建立，以帮助成员了解彼此的才能，并最终达到相互学习、共同成长的目的
将组织的愿景融入工作	学习型组织深受行动理论的影响，强调将组织的愿景转化为行动，并进一步深入整个工作中。江淮汽车公司内部形成了反思的习惯（"每战必反思"），重点更是突出"内化"，要将观念转化为方法，将准则转变为制度、流程，并演变成思维习惯

总之，创建学习型企业是一个漫长的、艰苦的过程，必须结合企业的实际情况，不断探索、不断总结，以期建立起具有自身鲜明特色的学习型组织，真正促进企业的长远发展。

第十三章 塑造企业文化的"五步曲"

塑造企业文化有五个步骤：第一步，让全体员工认识、感知；第二步，让全体员工认可、感觉；第三步，让全体员工认同、感受；第四步，让全体员工践行、体验；第五步，让企业文化成为约束员工的行为准则。这"五步曲"一个不能少，否则，不仅是内容的缺失，更是文化内涵的缺失。

让全体员工认识、感知

绝大多数管理学都会涉及企业文化这一部分，绝大多数管理者都会提到企业文化建设。企业文化首先应该是能够让员工认识和感知的。只有得到大家认同的企业文化，才是有价值的企业文化；只有让大家一起感受企业文化，才能推动企业文化建设。培育让员工认识、感知的企业文化，需要从以下几方面着手。如图 13-1 所示。

☞让全体员工认识企业文化

企业文化建设的关键在于要让文化经历从理念到行动、从抽象到具体、从口头到书面的过程，要得到员工的理解和认同，转化为员工的日常工作行为。

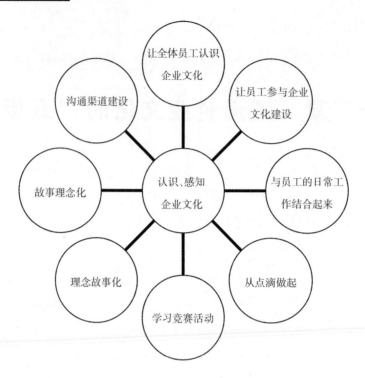

图 13－1　认识、感知企业文化

☞让员工参与企业文化建设

企业领导者应该创造各种机会让全体员工参与进来，共同探讨公司的文化，让大家产生文化变革的需求和动机，在各个层面征求意见，让全体员工都知道公司的企业文化是怎样产生的。

☞与员工的日常工作结合起来

企业确定了新的文化理念后，就要进行导入。导入其实也就是把理念转化为行动的过程。在进行导入时，不要采取强压式方法，要让大家先结合每个员工自己的具体工作进行讨论，首先必须明确集团公司为什么要树立这样的理念，接下来是每个人应如何改变观念，使自己的工作与企业文化相结合。让每个员工都清楚地知道公司的企业文化是什么，为什么要培育这样的文化，为什么自己要这么做。

☞从点滴做起

企业文化的精髓更集中在企业日常管理的点点滴滴上。所以，企业员工要改变自己的观念和作风，从小事做起，从身边做起。

☞学习竞赛活动

在广泛宣传动员的同时，组织各基层单位职工开展企业文化知识学习竞赛活动。让大家通过活动，全面系统地掌握企业文化的基本内容。

☞理念故事化

企业文化的理念大都比较抽象，因此，企业领导者需要把这些理念变成生动活泼的寓言和故事，并进行宣传。使广大职工能通过故事的形式牢记企业文化理念，达到让职工真正理解的目的。

☞故事理念化

在企业文化的长期建设中，先进人物的评选和宣传要以理念为核心。企业要注重从理念方面对先进的人物和事迹进行提炼，并在集团公司内部和相关媒体、电视新闻中进行广泛的宣传，让全体员工都知道为什么他们是先进，他们做的哪些事是符合公司的企业文化的。这样的榜样可以为其他员工树立一面旗帜，同时也使企业文化的推广变得具体而生动。

☞沟通渠道建设

企业理念要得到员工的认同，必须在企业的各个沟通渠道进行宣传和阐释，企业内刊、板报、宣传栏、各种会议、研讨会、局域网，都应该成为企业文化宣传的工具。企业要让员工深刻理解公司的文化是什么，怎么做才符合公司的文化。

企业的文化建设不是一朝一夕、一蹴而就的，也绝不是运动式的、一阵风似的。事实上，员工对于那些只是贴在墙上、被擦拭得光亮的口号往往会无动于衷。

让全体员工认可、感觉

企业文化反映了企业的经营理念、目标、经营方针、价值观念、经营行为、社会责任和经营形象，决定了企业的生存、发展与未来。企业文化的无形胜有形在于核心价值观得到全体员工的认可与接受，那么，如何建立让员工认可、感觉的企业文化？需要从以下几方面着手。如图13-2所示。

☞培育积极的企业文化

企业文化不是固有的，是企业在创业发展过程中整理、归纳、提升建立的，积极的企业文化应当高尚健康、鼓舞人心、爱憎分明、特色突出，蕴含的内容不能是低级甚至是垃圾的东西，要能打动人心。企业文化的精髓就是企业的核心价值观成为企业员工的信仰，让每个员工都成为企业的"信徒"，让他们相信企业所做的一切都是为社会和全体成员及相关者服务的，企业在

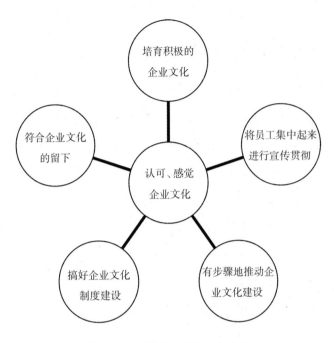

图 13 - 2 认可、感觉企业文化

制定制度、执行政策过程中要公平、公开、公正，该奖则奖，该惩则惩，突出企业或产品特色。

☞将员工集中起来进行宣传贯彻

企业文化是企业创业者缔造的，也许共同创业的员工知道，但是大多数新进来的员工并不清楚，因此，应当将员工集中起来进行宣传贯彻，我们每年的重大节日如元旦、春节、"五一"、国庆等都举行升旗仪式，就是要让员工搞清楚我们的企业文化，这就有些类似于宗教的祭祀活动，或许宗教信徒的祭祀活动上，信徒都是虔诚的，但我们的升旗仪式却是庄严神圣的，面对低沉悲怆的国歌，我们每个员工的心灵又得到一次洗礼，企业文化也相应得到一次升华。

☞有步骤地推动企业文化建设

企业文化的建设是一个长期的过程，应当随着企业的不断成长而逐步推进，企业初创期，可以很简单，企业发展壮大了就应当更加丰富，让它具有长久的生命力。对于老员工，要不断通过各种活动，通过一些制度的贯彻让他们对企业文化有更深刻的认识和认同，让企业文化不仅仅是几句口号，而是行动的准则和指南，让员工自觉成为企业文化的践行者；对新员工要在进厂时进行培训宣传教育，要让他们从不了解公司的企业文化到了解，从了解到理解，当然，要让新员工理解企业文化，还必须让他们看到企业从领导到基层都是企业文化的践行者，而不是"挂羊头卖狗肉"，让新员工从理解到相信，从相信到成为践行者，这需要通过不断的活动加以推动。

☞搞好企业文化制度建设

企业文化从简单的创业者的价值观到形成一个内容丰富的企业文化体系，是需要企业从创业初期的小企业到成长为"参天大树"的过程的历练，当企业的核心价值观确立后，就应当将企业文化通过一些标记固化下来，如厂徽、厂歌、商标、厂服、标语、核心价值观等，让这些带有浓厚的企业特色的符号、理念深深烙印在员工的思想之中，用企业规范和制度来保证企业文化推行，谁不融入和反对企业文化就是违反企业制度，谁就会受到处罚，谁最能宣扬企业文化，谁就应当被奖励和表彰。

☞符合企业文化的留下

企业文化是必须统一的，在一个团队，如果出现不同的企业文化，就会有两种不同的声音，听谁的，谁是谁非？这些问题没有统一就会没有执行力，甚至造成企业的分裂，至少短期造成了企业的危机。一个企业不论是处于创业期还是成长发展期都需要统一思想，这样才能朝着一个方向前行，企业员工才会意志坚定、坚韧不拔，也才能无坚不摧，克服企业发展过程中的任何困难，企业员工不管是谁，从高层到基层，都应当认同本企业的企业文化。如果不能认同企业文化就应当辞职或被辞退，让留下的人都为了一个共同的目的而努力工作，这样才能真正建立起员工认可的企业文化。

让全体员工认同、感受

企业文化不是教条和口号，它必须落实到企业管理的各项工作中，整合多方功效，杜绝形式主义和静态主义，让员工有内化于心的感受，只有这样才能得到员工的认同。其途径和方法如图 13 - 3 所示。

☞学习宣传要发挥基础引导作用

组织学习宣传的目的是在员工心底建树一个企业文化意象，消除员工对企业文化建设的抵触情绪，为持续的文化渗透打下基础，促进员工对企业文化的认识、认知。学习宣传不可一味强行灌输，要根据员工的喜好，采取灵活多样的形式，让员工学得进去、学得下去，才能入门。例如，采取解读条文的方法，将枯燥的规范条文分解成易懂的小故事或做成生动的漫画；多采用影像资料，将意象文字转换成生动的画面；多利用身边人和事，将践行企业文化的事实做成学习材料等多种形式，会取得明显成效。学习宣传不可一蹴而就，要循序渐进，遵循员工接受新知识、新思想的规律，科学规划，分阶段、分步骤，有序推进。企业可以针对不同员工各自的价值取向和不同部门员工的工作特点，确定员工与企业统一价值判断标准间的不同差距，通过

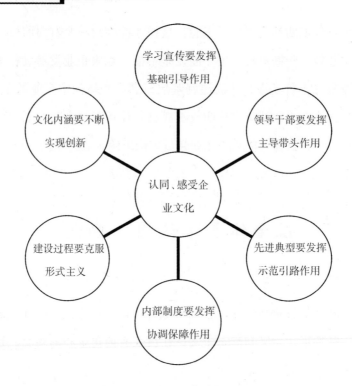

图13-3 认同、感受企业文化

实施有针对性的学习和培训，让每位员工快速了解并适应本企业的文化。例如，针对班组工人文化基础薄弱、接受能力不强的情况，让员工从企业概况、企业历史等基本知识学起，而技术人员和中层管理者就可以跨越这个阶段。

☞领导干部要发挥主导带头作用

在塑造企业文化的诸多力量中，领导干部的主导带头作用举足轻重。不可否认，企业内部各级管理者的价值观影响并促成各个部门内部不同的文化气息。部门领导重视企业文化建设，推进文化建设工作，该部门内部的企业文化气息必然浓厚；反之，忽略文化建设，文化建设工作就会受到阻隔，那么该部门必定是没有活力的。身教胜于言教。企业倡导一种文化、一种理念，企业各级领导干部身体力行、率先垂范，其下属员工必然上行下效，不用过多的说教。领导干部的文化背景、经营思路、管理作风、行为习惯、人格魅力等，甚至是日常一举一动、一言一行都会在员工心中刻下烙印，影响员工的思维模式和行为方式。我们强调企业各级管理者必须主导各自部门的文化塑造，并将其作为一项重要工作进行年度考核，而且强调自身文化内涵的提升，通过带头摒弃传统观念和旧有行为习惯，积极按照新的企业文化标准提升自我、完善自我，形成企业中巨大无形的文化号召力，从而固化每位员工对企业新价值观的认知，进而增强他们对企业文化的认同感。

☞先进典型要发挥示范引路作用

企业员工的心要有所属，先进典型就是面旗帜。先进典型是时代背景下企业文化人格化的诠释，他们将企业价值理念内化为自身品质，外显为企业倡导行为。企业文化是无形的，先进典型可以将企业价值理念内涵融于员工身边的典型人和事当中，从而使企业文化变得直观生动起来。在企业文化建设过程中，先进典型就是企业员工行动的标准和行为的楷模，其对于员工的示范引路作用不可缺少。企业员工受身边个别的、具体的、可触摸的典型影响，引起思想感情上的共鸣，进而潜移默化地促进自身价值认知标准的变化。即使比较消极落后的员工，也会在从众心理的驱使下，与员工主体行动趋向一致。因此，企业需要通过潜心挖掘、积极培训，大力培养和激励践行企业文化的多方面不同层次的先进典型，全方位地向员工表明，为什么他们是先进；向企业员工显示，他们的行为为何被企业所大力倡导。用先进典型的言行举动不断证明企业文化有助于企业发展、有利于员工成长；用先进典型的激励引导全体员工，能强化企业价值理念，能给员工带来实实在在的利益。

☞内部制度要发挥协调保障作用

文化是潜规则，制度是显制度，文化通过制度融于管理，通过制度深入人心。文化渗透于制度，制度内化为文化，企业文化与企业制度犹如企业的两只手，相互补充、共同协同作用于企业。两者相得益彰，一致性好，企业员工会在制度中体会文化的内涵，从而加深对企业文化的认同感；两者矛盾冲突，一致性差，对企业管理的作用就会对冲，企业员工就会在制度与文化中无所适从，导致企业文化建设事倍功半。因此，重视企业制度与企业文化的深度融合，充分发挥好企业制度的协调保障制度，是企业员工感知并逐步认同企业文化的重要方面。我们尤其要注重对企业内部各种具体制度进行适时系统梳理，对于文化导向有偏差或欠缺的制度，要不断将丰富的文化内涵渗透其中；对于制度与文化冲突的部分，要充分分析两者哪一方更符合企业的发展需要，果断将另一方进行必要的调整和改进。制度文化的不断建设，强化了员工对文化的认同感。

☞建设过程要克服形式主义

企业员工对形式主义的东西比较反感，企业文化建设过程一旦落入形式主义、功利主义的怪圈，企业员工就会敬而远之，不能认同，只是顺从。从一开始，企业文化建设就要围绕本企业长期沉淀下来的优良文化传统这一根本，从企业自身生产经营管理实践中吸取经验，按照企业所属行业未来发展及自身特点去打造，依据企业员工的价值取向和职业期望去构建，才能建设源自企业、贴近员工、贴近实际的文化体系，所提炼和塑造的企业文化才能与企业员工产生心理契合，而不是注重一些华丽、时尚，与企业和员工毫无瓜葛的辞藻堆砌。之后，文化的落实要避免应付了事，克服只学习不讲求结果、只贯彻不注重实效的过场主义。杜绝把文化当成宣传的读本。切忌只进行漂亮的设计，装点于墙面；只说在会议中，停留在口头，不付诸实际，不运用于生产，那样，企业广大员工将永远不能领会它的深刻内涵，也更不会接受、认同它。在实际工作中，我们可以将企业精神理念做成标牌、办公用品等，置于企业各个关键部位；坚持既要让文化"上墙"，使文化制度化，使制度透明化，让员工处处受到熏陶，又要用教育灌输，用典型示范，用制度约束，让其"入心"，渗入员工意识，指导员工行为。

☞文化内涵要不断实现创新

企业文化建设工程是一个动态的过程，只有注重文化的集成创新，不断赋予文化新的内涵，才能适应企业员工追求的思维模式。所谓文化的集成，不是拿来主义、简单地吸收和不假思索地跟着别人走，而是要系统思考，综合分析，将那些适合企业发展、能够融于企业文化以及为企业员工所接受的新做法、新思想，予以辩证的吸纳。文化的发展创新，可以来自企业的外部，但主要源自于企业的内部。

总之，没有员工认同、感知的企业文化，注定不会带来期望的成功。只有使员工的思想、观念融于企业文化理念之中，让文化成为他们的"信仰"，让文化的生命在员工心中孕育植根，我们的企业文化建设工作才能豁然开朗，实现企业目标也便水到渠成。

让全体员工践行、体验

员工是践行企业文化的主体，在企业文化建设中扮演着重要的角色。无论多么先进的企业文化，如果没有员工切实有效的践行，也不能将其真正贯彻落实到企业当中。那么员工如何才能有效践行企业文化？如图 13-4 所示。

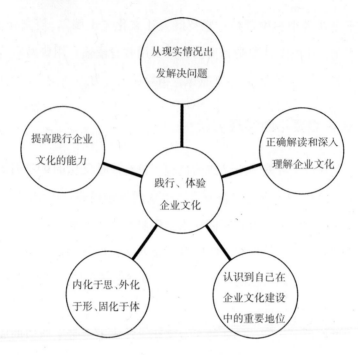

图13-4 践行、体验企业文化

☞从现实情况出发解决问题

企业文化的内容虽然丰富多彩，但所有的企业文化都有共性和特性，共性反映了企业文化的普遍特征，特性反映了企业文化的特色。决定特色的因素是企业的现实情况。正确认识企业现实情况，并从其现实情况出发，这是解决企业一切问题的根本出发点。践行企业文化，这一实践活动的本身就具有高难度、高复杂度、高目标、高标准的特点，而这些都以企业的现实情况为基本依据。

因此，员工正确认识企业的现实情况，并从企业的现实情况出发践行企业文化，是员工有效践行企业文化的现实依据。

☞正确解读和深入理解企业文化

企业文化不是空洞的口号，而是蕴含着丰富深厚的精神内涵和文化底蕴，员工如果不能正确认识和深入理解其精神实质和内涵，只是肤浅粗略地了解其浅层意思，就无法融会贯通，将企业文化真正融入自己的生产、生活当中，自然就不可能有效践行企业文化。

因此，员工要不断加强学习，在企业宣传部门的大力宣传引导下，通过自己的认真努力，对企业文化进行全面深入的学习和思考，做到对企业文化没有误解、偏解、错解和浅解，达到正确解读和深刻理解，充分领会其精髓。这是员工有效践行企业文化的重要前提。

☞认识到自己在企业文化建设中的重要地位

在市场经济条件下，相当多的员工认为，企业文化应该主要由企业领导人去践行，与员工的关系微乎其微，只要自己把本职工作做好，拿到属于自己的薪酬就够了，这种不能充分认识员工在企业文化建设中重要性的现象非常普遍，也是造成员工不能有效践行企业文化的一个重要原因。作为企业的主体和最重要的资源，员工是建设企业文化的主力军。企业文化建设又是一个艰难、复杂、细致、烦琐的系统工程，在此工程进行当中，如果没有广大员工的热情参与、献计献策、有力配合和有效执行，就不能充分调动他们作为企业主人翁的积极性、能动性和创造性，不能使他们的聪明才智充分发挥出来，就会使企业文化的建设遇到更多的困难和阻力，导致企业文化建设的进程变得更加艰难和缓慢。

因此，员工只有充分认识到自己在企业文化建设当中的重要地位，才能全身心地投入到企业文化建设当中，有效践行企业文化，并积极推进企业文化的建设进程。

☞内化于思、外化于形、固化于体

员工要做到将企业文化融入自己的思想与实践活动当中。在思想上，员工要高度认识企业文化建设对企业生存发展的重要性，认识到企业文化是企业的核心和灵魂，是企业核心竞争力的根本所在。在实践活动当中，员工要认真、踏实地践行企业文化。不仅对本职工作勤勤恳恳、尽职尽责，还要不断追求创新和卓越；不仅关心个人利益，还要关心企业利益；不仅关注个人发展，还要关注企业发展；不仅知晓自己从事的领域的知识，还要知晓其他领域的知识；不仅自己追求精益求精，还要帮助和带动他人追求精益求精；不仅热心参与小集体事业，还要热心参与大集体事业以及公众事业等。

因此，员工只有将企业文化内化于思、外化于形、固化于体，才能真正有效地践行企业文化。内化于思，是指将企业文化融入头脑和思想当中；外化于形，是指将企业文化融入言和行当中；固化于体，是指将企业文化融入自己做人做事的习惯和准则中。

☞提高践行企业文化的能力

员工能否充分把握企业文化的精神和内涵，是员工自身素质的重要内容之一。员工具备践行企业文化的能力与员工素质两者之间是相辅相成、相互促进的关系。优秀的员工一定具备践行企业文化的能力，而具备践行企业文化能力的员工是作为优秀员工的必要条件。只有具备践行企业文化能力的员工才能成为优秀员工，而优秀员工必然要具备践行企业文化的能力。

因此，员工是否把具备践行企业文化的能力作为提高个人素质的一项重要内容，是员工有效践行企业文化的检验标准。

让企业文化成为约束员工的行为准则

企业文化本身具有规范作用，如道德规范作用、行为规范作用等。当企业文化上升到一定高度时，这种规范就成为无形的约束力。员工明白自己的行为中哪些不该做、不能做，这正是企业文化发挥的"软"约束作用的结果。通过这些软约束可提高员工的自觉性、积极性、主动性和自我约束，使员工明确工作意义和工作方法，从而提高员工的责任感和使命感。因此，让企业文化成为约束员工的行为准则，既体现了企业文化所具有的约束功能，也是企业文化建设与管理的目的所在。可以参考以下建议，如图 13 - 5 所示。

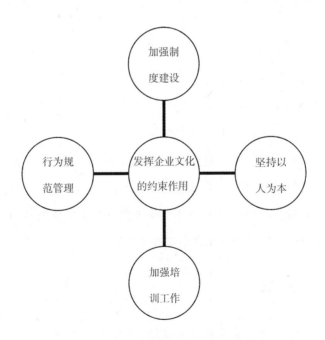

图 13 - 5　发挥企业文化的约束作用

☞加强制度建设

俗话说"无规矩，不成方圆"。规矩也就是规章制度，包括管理制度、管理规定、管理办法、实施细则和工作条例等。制度本身具有一定的约束力，它具体规定了员工的权利和义务，其目的是促使每个员工养成良好的职业习惯，形成良好的行为规范，促进企业管理水平提升。一个企业如果缺乏管理制度，那么再好的发展目标也是镜中花、水中月，执行力也是一纸空文。

企业的制度建设是一个制定制度、执行制度并在实践中检验和完善制度的理论上没有终点的动态过程，从这个意义上讲，企业制度没有"最好"，只有"更好"。但科学、积极的制度的建立，能降低企业风险，促进企业发展。

☞坚持以人为本

人本管理是规范员工行为管理的最重要的环节。在日常的行为管理工作中，要确立人的中心地位，发挥人的重要作用。员工既是企业文化的建设者，也是行为规范的执行者，行为规范最终要落实到员工的思想和行动中去，而这一过程，离开了员工群众的主动参与就不可能实现。

坚持以人为本，就要充分发挥思想工作的作用，教育员工增强团队意识，处处从集体利益出发，时时为集体着想，始终以大局为重；就要鼓励员工积极参与、献计献策，营造良好的企业文化氛围，不断完善行为规范，提高员工的凝聚力，确保员工行为规范的有效落实。

☞加强培训工作

在实际工作中，员工的随意性比较大，在安全、质量和现场管理工作中，往往忽视对员工行为规范的有效执行，直接影响企业文化的建设。因此，加强对员工的培训，不仅可以更好地规范员工的行为，还能提高企业的核心竞争力。

在员工行为规范的管理工作中，必须抓住一切机会，提供一切有利条件，采用不同形式对员工进行不同层次的培训工作，这也是提高企业形象和促进企业发展的需要。当然，培训的前提是重视，培训的目的是提高，培训的绩效看考核。考核是衡量培训成果的"一杆标尺"，也是强制性地增强培训效果的一种必要手段，它能防止培训工作流于形式。考核要设立一定的目标奖惩措施来体现培训的重要性，激发员工的上进心与遵守行为规范的主动性，从而提高整个员工队伍的基本素质，确保员工的行为规范得到有效的执行。

☞行为规范管理

员工行为规范主要指员工的日常操守，如在生活范围内衣、食、住、行应注意的礼仪，在工作时间内应注意的一些事项等。行为规范管理的目的是在行为规范的监督下，使企业员工成为优秀的员工，与公司一起成长。

员工的行为规范管理，是一件长期的工作，没有阶段性，要打持久战，长效管理是搞好该项工作的关键。在日常管理工作中，不能墨守成规，形式老套，要严管也要善于管，更要根据形势的变化及企业文化建设的要求，不断地更新管理思路，不断丰富员工行为规范内容，使员工的行为规范跟上企业前进的步伐，在管理中塑形象，在创新中谋发展。

总之，企业文化是一种新的现代企业管理理论，企业要真正步入市场，走出一条发展较好、效益较好，整体素质不断提高的新路子，就必须抓好企业文化建设与管理，确保企业持续稳定发展。

后　记

我们经常会听到这样的话："三流的管理是人管人，二流的管理是制度管人，一流的管理是文化管人。"由此可见企业文化的重要性，这也是管人不如管文化的道理之所在。本书的初衷，就是力求从更高层面上，对企业管理的本质与核心问题进行归纳、梳理与阐述，以期助管理者掌握管理的真谛一臂之力。

当然，口头上说的文化似乎是一个比较虚的东西。所以，我们除了正面阐述之外，还加入了大量的相关案例。案例都是很实际的东西，以实讲虚，总能帮助大家体悟文化管人的本质。

大家知道老子的《道德经》只有短短五千言，但它却让后人悟出了无穷的意蕴。拙著虽不能妄自比附，但其用心总有些相似。唯愿各位读者理解这一良苦用意。至于实际上是否达到了这一效果，只有仰仗大家的公论了。

诚然，一部著作的完成需要许多人的默默贡献，它闪耀着集体的智慧，其中铭刻着许多艰辛的付出，凝结着许多辛勤的劳动和汗水。本书写作过程中，借鉴和参考了大量的文献和作品，尤其是引用了很多研究案例和调查数据，从中得到了不少启悟，也汲取了其中的智慧精华，谨向各位专家、学者表示崇高的敬意。

　　由于时间仓促以及本人水平所限，书中不足之处在所难免，恳请广大读者批评指正，特驰惠意。

侯韶图

2015 年 3 月 15 日